MW01104111

ESPAÑOL-ARABE

EDITORIAL CANTABRICA, S. A. BILBAO

Traductor: Asel, S. A.

Ilustraciones: Estudios B. C.

GUIAS PUBLICADAS

Español/Francés
Español/Inglés
Español/Alemán
Español/Italiano
Español/Euskara
Español/Portugués
Español/Catalán
Español/Arabe
Español/Holandés

English/Spanish
Deutsch/Spanisch
Français/Espagnol
Italiano/Spagnolo
Português/Espanhol
Arabe/Español
Nederlands/Spaans
Japonés/Español

GUIAS GASTRONOMICAS

Manger en Espagne
Eating in Spain
Essen in Spain

TUTTO YALE

Las Plantas
Los Perros
Los Postres
El Bar en casa

Impreso en España
Printed in Spain

Depósito legal: BI. 420-94
I.S.B.N.: 84-221-0447-4

Edita:
© EDITORIAL CANTABRICA, S. A.
Nervión, 3 - 6.º
Telf. (94) 424 53 07
Fax (94) 423 19 84
48001 Bilbao-España

Impreso por: GRAFO, S. A. - Basauri - Bilbao

INDICE

INTRODUCCION

Tiene usted entre sus manos una GUÍA YALE, un librito cuya principal pretensión es convertirse en un útil —y ameno— compañero de viaje. Haya usted viajado o no, sabrá cuán interesante y agradable es poder utilizar la lengua del país que se visita y cuánto más simpático resultará a los árabes que le vean esforzarse por dirigirse a ellos en su hermoso idioma. Pero ¿hasta qué punto puede ayudarle la GUÍA YALE? La respuesta depende de su familiaridad con el árabe.

SI USTED DESCONOCE POR COMPLETO EL ARABE, la GUÍA resultará una sencilla y entretenida introducción a esta lengua. No trata de ser un texto didáctico, sino simplemente una guía práctica capaz de poner a su alcance una completa colección de frases tipo, que no sólo le permitirán desenvolverse en las más variadas circunstancias, sino que le servirán de base para crear otras similares. No dude en aprenderse todos los días unas cuantas frases y palabras de memoria, practique con ellas y utilícelas siempre que tenga ocasión y se sorprenderá al ver con qué rapidez y facilidad va ampliando sus conocimientos. Y no tema a la barrera de la pronunciación, puede resultar ridículo pedir por señas un vaso de agua, pero nunca lo será solicitar un كوب من الماء, aunque la pronunciación no se ajuste milimétricamente a lo que acaso exigiera una universidad árabe. Y por lo menos evitará que, tras un alarde de mímica, le sirvan té con limón.

SI USTED YA TIENE CONOCIMIENTOS DE ARABE, la Guía le servirá de utilísimo auxiliar. Le bastará un breve vistazo antes de entrar en el restaurante, en el Banco, en la peluquería, para recordar qué frases son las más apropiadas en cada caso o cuál es el equivalente árabe exacto de esa palabra que se le escapa. Tenga siempre la Guía al alcance de su mano: con ella, sus conocimientos del árabe se ampliarán a un nivel muy superior a lo que usted se hubiera atrevido a suponer.

SI USTED DOMINA EL ARABE, la Guía le permitirá extender al máximo sus conocimientos. Por sus frecuentes viajes, o por sus negocios, acaso maneje de forma impecable la terminología comercial, pero ¿se atrevería a enfrentarse con una carta de platos típicos? o ¿podría describir con precisión a la dependienta de los grandes almacenes el conjunto que le encargó su esposa? La Guía YALE le permitirá completar estas pequeñas lagunas, potenciando al máximo sus conocimientos del idioma y haciendo que su estancia en Países Arabes resulte doblemente agradable.

PRONUNCIACION FIGURADA

La pronunciación es uno de los problemas más delicados del idioma árabe. En efecto, sólo es posible adquirir un genuino acento árabe tras largos años de práctica o de residencia en los países árabes. Pero la GUÍA YALE no tiene la vana pretensión de que usted hable árabe como un nativo, sino simplemente de que se haga entender en un árabe correcto. Como además su finalidad es eminentemente práctica, en la pronunciación figurada se ha rechazado todo signo, símbolo o letra que pudiera dificultar la rapidez de la lectura. Tales símbolos sólo sirven para complicar lo que tratan de aclarar y su utilidad práctica es casi nula, pues son varios los fonemas árabes sin equivalente castellano. Por ello la GUÍA YALE ha reducido la pronunciación figurada a la máxima sencillez posible, aunque desde luego cuidando la corrección de la expresión. Así, todo cuanto usted debe hacer es leer *con decisión* la pronunciación figurada de la frase que pretende decir; no se preocupe, los árabes le entenderán.

NORMAS GRAMATICALES

EL ARTICULO

Hay un artículo único en árabe que es *(Al...)*, sirve para el feminino, el masculino y los plurales de ambos. Precede siempre al sustantivo y se le une formando una sola palabra.

Ejemplo:

حمام	Hammám	Un baño
جميل	Yamíl	Bonito
الحمام	Al-hammám	El baño
الحمام الجميل	Al-hammám al-Ymíl	El baño bonito

El árabe carece de artículo indeterminado.

EL SUSTANTIVO

Existen dos géneros: Masculino y Femenino. Los sustantivos femeninos llevarán generalmente al final la ة *ta marbuta* (signo de femenino).

Ejemplo:

Masculino	Femenino
فندق	غرفة
Fonduq	*Ghurfa*
Hotel	Habitación
خادم	خادمة
Jádim	*Jádima*
Sirviente	Sirvienta
Camarero	Camarera
صابون	اسبانيا
Sábún	*Isbáni-yá*
Jabón	España

Los nombres de países y ciudades suelen ser femeninos.

El plural es de dos clases. Un plural de dos (dual) y un plural de tres o más. Para formar el dual basta con añadir (ين *ain*) al singular masculino y (تين *tain*) al singular femenino. Para formar el plural tres o más, añadir (ين *ín*) a los singulares masculinos y (ات *át*) a los singulares femeninos.

Ejemplo:

مدير	*Mudír*	**1 director**
مديرين	*Mudírain*	**2 directores**
مديرين	*Mudírín*	**Directores**
خادمة	*Jádima*	**1 sirvienta**
خادمتين	*Jádimatain*	**2 sirvientas**
خادمات	*Jádimát*	**Sirvientas**

9

Sin embargo, dentro del plural existen numerosas excepciones. El ejemplo anterior será el plural regular. Vamos a ver un ejemplo del plural irregular. La regla para la formación del dual es invariable y no tiene excepción.

Ejemplo (plural irregular):

فندق	*Fonduq*	**1 hotel**
فندقين	*Fonduqain*	**2 hoteles**
فنادق	*Fanádiq*	**Hoteles**
غرفة	*Ghurfa*	**1 habitación**
غرفتين	*Ghurfatain*	**2 habitaciones**
غرف	*Ghuraf*	**Habitaciones**

EL ADJETIVO

El adjetivo va siempre después del nombre, nunca delante. El adjetivo tiene que concordar con el sustantivo en género y número.

Ejemplo:

فندق ممتاز	*Fonduq mumtázs*	**Un buen hotel**
غرفة ممتازة	*Ghurfa mumtazsa*	**Una buena habitación**

Anótese que el árabe carece de los verbos ser y estar en presente. Para la descripción, recuérdese que basta con poner artículo al sustantivo, al que sigue el adjetivo, pero sin artículo.

Ejemplo:

الفندق كبير	*Al-fonduq kabír*	**El hotel es grande**

10

Cuando calificamos a un sustantivo en plural, que no se refiera a persona, el adjetivo se pondrá siempre en femenino singular.

Ejemplo:

غرفة صغيرة	*Ghurfa saghíra*	**Una pequeña habitación**
غرف صغيرة	*Ghuraf saghíra*	**Pequeñas habitaciones**

No hay adjetivos posesivos en árabe; en su lugar se añadirán las siguientes terminaciones a los sustantivos que sean femeninos o masculinos:

ـي	*i*	**mi, mis**
ـكِ	*ki*	**tu, tus (fem.)**
ـكَ	*ka*	**tu, tus**
ـه	*hhu*	**su, sus**
ـها	*hhá*	**su, sus (fem.)**
ـنا	*ná*	**ntro. ntros. ntra. ntras.**
ـكم	*kum*	**vtro. vtros. vtra. vtras.**
ـهم	*hhum*	**su, sus**

Ejemplo:

حساب	*Hi-sáb*	**Cuenta**
حسابي	*Hi-sábí*	**Mi cuenta**
رفاق	*Rifáq*	**Compañeros**
رفاقنا	*Rifáquná*	**Nuestros compañeros**

11

EL VERBO

Los verbos en árabe cambian, no sólo de acuerdo con el sujeto (yo, tú, nosotros), sino también según se hable a un hombre o a una mujer. Incluimos a continuación, como verbo modelo, el verbo vivir-morar, conjugado en presente y en pasado. Omitiremos los pronombres personales porque no se suelen utilizar.

Presente

Yo	أسكن	Askun	Vivo
Tú	تسكن	Taskun	Vives
Tú (fem.)	تسكنين	Taskunín	Vives (Fem.)
El	يسكن	Yaskun	Vive
Ella	تسكن	Taskun	Vive (Fem.)
Nos	نسكن	Naskun	Vivimos
Vos	تسكنون	Taskunún	Vivís
Ellos	يسكنون	Yaskunún	Viven

Pasado

سكنت	Sakantu	Viví - he vivido
سكنت	Sakanta	Viviste - has vivido
سكنت	Sakanti	Viviste - has vivido
سكن	Sakana	Vivió ha vivido
سكنت	Sakanat	Vivió - ha vivido
سكنا	Sakan-ná	Vivimos - hemos vivido
سكنتم	Sakantum	Vivísteis habéis vivido
سكنوا	Sakanú	Vivieron - han vivido

12

Para formar el futuro del verbo conjugado, se
añadirá simplemente el prefijo (ـس _sa..._) al verbo
conjugado en presente.

سأسكن	_Sa-askun_	**Viviré**
سيسكن	_Sa-yaskun_	**Vivirá**
سنسكن	_Sa-naskun_	**Viviremos**
سيسكنون	_Sa-yaskunún_	**Vivirán**

Para negar, con el tiempo en presente, se le ante-
pone al verbo la partícula (لا _lá_). Para negar,
en pretérito, se le antepondrá al verbo la partícula
(ما _má_).

لا أسكن	_Lá askun_	**No vivo**
ما سكنت	_Má sakantu_	**No he vivido**

Para preguntar, bastará empezar la frase con
poner al verbo la partícula (لا _lá_). Para negar,
(هل _hhal_)

¿hhal Taskun hhuná? ¿vive aquí? هل تسكن هنا ؟

Ya hemos señalado que los verbos ser y estar,
que es uno sólo en árabe, no se utilizan en presente. Sin embargo, en pretérito su uso es funda-
mental y necesario.

Préterito del verbo ser:

Yo	كنت	_Kuntu_	Era, estaba, he sido, he estado
Tú	كنت	_Kunta_	Eras, estabas, has sido, has estado
Tú	كنت	_Kunti_	Eras, estabas, has sido, has estado
El	كان	_Kána_	Era, estaba, ha sido, ha estado,

13

Ella	كانت	*Kánat*	Era, estaba, ha sido, ha estado,
Nos.	كنا	*Kuntum*	Eramos, estábamos, Hemos sido
Vos.	كنتم	*Kunná*	Erais, estabais, habeis sido,
Ellos	كانوا	*Kánú*	Eran, estaban, han sido, han estado

PRONOMBRES PERSONALES

Yo	أنا	*Aná*
Tú	أنت	*Anta*
Tú	أنت	*Anti*
El	هو	*Hhua*
Ella	هي	*Hhi-ya*
Nos.	نحن	*Nah-nu*
Vos.	أنتم	*Antum*
Ellos	هم	*Hhum*

EL ALFABETO

Incluimos las veintiocho letras que componen el alfabeto árabe. La escritura árabe es cursiva. No hay mayúsculas y las consonantes se unen entre sí para formar la palabra, por lo que cada letra tiene cuatro figuras, según su posición en la palabra, al principio, en medio, al final o aislada.

(1) Esta letra con los dos puntos se transforma en *(Ta Marbúta)* signo de femenino.

Aislada	Principio	Medio	Final	
ا	ا	ـا	ـا	*Alif*
ب	بـ	ـبـ	ـب	*Bá*
ت	تـ	ـتـ	ـت	*Tá*
ث	ثـ	ـثـ	ـث	*Zá*
ج	جـ	ـجـ	ـج	*Ŷim*
ح	حـ	ـحـ	ـح	*Há*
خ	خـ	ـخـ	ـخ	*Já*
د	د	ـد	ـد	*Dal*
ذ	ذ	ـذ	ـذ	*Dhal*
ر	ر	ـر	ـر	*Rá*
ز	ز	ـز	ـز	*Zsáy*
س	سـ	ـسـ	ـس	*Sín*
ش	شـ	ـشـ	ـش	*Shín*
ص	صـ	ـصـ	ـص	*Sád*
ض	ضـ	ـضـ	ـض	*Dhád*
ط	ط	ـطـ	ـط	*Tá enfática*
ظ	ظ	ـظـ	ـظ	*Dhá*
ع	عـ	ـعـ	ـع	*A-ain*
غ	غـ	ـغـ	ـغ	*Ghain*
ف	فـ	ـفـ	ـف	*Fá*
ق	قـ	ـقـ	ـق	*Qáf*
ك	كـ	ـكـ	ـك	*Káf*
ل	لـ	ـلـ	ـل	*Lám*
م	مـ	ـمـ	ـم	*Mím*
ن	نـ	ـنـ	ـن	*Nún*
(1) ه (ة)	هـ	ـهـ	ـه (ـة)	*Hhá*
و	و	ـو	ـو	*Wáw*
ي	يـ	ـيـ	ـي	*Yá*

Todas las letras son consonantes. La escritura, tradicionalmente se compone sólo de consonantes, que se escriben empezando por la derecha. Luego, un sistema de signos vocálicos que se colocan encima o debajo de las letras (en el Corán, en la poesía y en libros de textos básicos) da la correcta pronunciación, indicando el grado de abertura de la boca para conseguir sonidos vocálicos lo más parecidos a los del español. Estos signos son tres:

1. Fat-ha (apertura)	بَ	*Ba*
2. Dhamma (cerradura)	بُ	*Bu*
3. Kasra (votura)	بِ	*Bi*

Hay también tres letras que indican que la «vocal» es larga. Una letra para cada signo:

1.	ا	(Alif) para la	*Bá*	بَا
2.	و	(Wáw) para la	*Bú*	بُو
3.	ي	(Ya) para la	*Bí*	بِي

Cuando una letra no lleva un signo vocálico, llevará un (سكون *sukún* ـْ que es el signo de la pausa (sukún, quiere decir ausencia de movimiento). Esto indica que la letra no podrá ser pronunciada de ninguna de las tres maneras que hemos visto y será pronunciada sin el signo vocálico.

فُنْدق   *Fonduq Hotel*

la ـنْ en *Fonduq* no se pronuncia como *na* ni *nu* ni *ni*, sino como *N* sin vocal.

GUIA PARA LA PRONUNCIACION

Letra	Pronunciación aproximada	Símbolo utilizado		
١	A, U, I	A, U, I	اَنَا	Aná
ب	b (de Barcelona)	b	بُكْرَة	Bukra
ت	t (de tierra)	t	تِسْعَة	Tis-aa
ث	c (de cima o baza)	Z, C	ثَلاَثَة	Zaláza
ج	como la «g» francesa en general, parecida a la «ll» española)	ŷ	ثِيَاب	Ciyâb
			جَمَال	Ŷamál
ح	una «h» suavemente pronunciada	h	حَبِيبِي	Habibí
خ	una «j» en Javier	j	خَبَر	Jabar
د	una «d» en diga	d	دَلِيل	Dalil
ذ	es fricativa en árabe, pero para facilitar su pronunciación asimilamos con la «d»	d.	ذَقَن	Điqn

غ «r» francesa en regarder (r gutural)	gh	مشغول	*Mash-ghúl*
ف f (de fiesta)	f	فول	*Fúl*
ق una «k» muy gutural enfática	q	قمر	*Qamar*
ك k (en quien, cabeza)	k	كبير	*Kabir*
ل l (en lubina)	l	ليلى	*Laila*
م m (en ameno)	m	مسلم	*Muslim*
ن n (en nunca)	n	نادي	*Nádi*
ه «h» aspirada muy fuerte resuena en el pecho, así como «j» española doble	hh	هنا	*Hhuná*
و «w» (en whisky)	w	وسيلة	*Wasila*
ي como la «i» (en ion)	y	يد	*Yad*

Los símbolos utilizados deben pronunciarse siempre como se ha explicado, incluso si están entre vocales en transcripción.

Las consonantes transcritas dobles tienen que pronunciarse como la r (en arroyo), la (•) transcrita «hh», si es doble la hemos escrito «hh.hh».

ر	r (de «rábano»)	r	رسول	Rasúl
ز	como la Z francesa, fuerte y silbante	Zs (la Zeta española, seguida por una «ese», se aproxima mucho a este sonido árabe)	زريّة	Zsawýa
س	s (en siesta)	s	سمين	Samín
ش	«ch» francesa en «cheval» (parecido al sonido «sh» cuando mandamos callar)	sh	شمعة	Sham-aa
ص	s (enfática en sapo)	s	صديق	Sadíq
ض	«d» fricativa (pronúnciese como «d» seguida de «j»)	dh.	ضيف	Dheif
ط	t (de tapar, tonto)	t	طالب	Tálib
ظ	«d» fricativa	dh	ظالم	Dhálim
ع	una parada gutural, o explosión gutural fuerte	aa, uu, ii	عربي	Aa-rabí

El árabe, lengua del Corán (siglo VII) ha sufrido grandes variaciones, de tal manera que el árabe hablado hoy día es muy distinto de un país a otro. Este libro intenta ser un camino medio entre el árabe clásico (lengua escrita) y el árabe hablado, pero sin caer en la trampa de adoptar un árabe hablado solamente en uno o dos países, cosa que limitaría su fin, que es el de servir como guía de conversación en árabe y no de conversación en iraquí, jordano, egipcio, tunecino o marroquí.

El árabe es una lengua semítica. Esto quiere decir que los conceptos de esta lengua van a ser completamente diferentes a los del español. Anotemos la primera gran diferencia: el árabe se escribe de derecha a izquierda.

FRASES USUALES

A continuación exponemos algunas de las frases y locuciones que se presentan en una conversación o pueden intercalarse en ella con más frecuencia. Trate de recordarlas, elija el momento apropiado para colocarlas y usted mismo se asombrará de sus rápidos progresos en conversaciones sencillas.

SALUDOS

Buenos días	Buenas tardes	Buenas noches
صباح الخير	مساء الخير	ليلة سعيدة
Sabáhal-jír	*Masá-al-jír*	*Laila sai-ida*

¿Qué hay?	¿Cómo está usted?	Muy bien, gracias
¿Qué tal?		
كيف الحال ؟	كيف حالك ؟	بخير شكرا
Kaifal-hál	*¿Kif hálek?*	*Bijair, shucran*

¿Y su familia?	Está bien	Hasta mañana
والعائلة ؟	لا بأس	الى بكرة
¿Wal-aá-i-la?	*Lá bás*	*Ilá bucra*

Hasta la vista	Hasta pronto	
الى اللقاء	الى اللقاء	
Ilál-liqá	*Ilál-liqá*	

PREGUNTAS

¿Habla usted español?

هل تتكلم اسبانية ؟

¿Hhal tatakallam Isbaní?

¿Comprende usted?

هل تفهم ؟

¿Hhal tafhham?

¿Cómo ha dicho?

ماذا قلت ؟

¿Mádá qult?

¿Qué dice usted?

ماذا تقول ؟

¿Mádá taqúl?

¿Quién es?

من ؟

¿Man?

¿Qué es eso?

ما هذا ؟

¿Má hhadá?

¿Dónde va usted?

أين تذهب ؟

¿Aina tadhhab?

¿Qué quiere usted?

ماذا تريد ؟

¿Mádá turíd?

¿Está usted seguro?

أنت متأكد ؟

¿Anta mutaakkid?

¿De veras?

صحيح ؟

¿Sahíh?

¿Cuánto?

كم ؟

¿Kam?

¿Cuántos?

كم من واحد ؟

¿Kam min wáhid?

¿Aquí o allá?

هنا أو هناك ؟

¿Hhuná aw hhunák?

¿Por qué?

لماذا ؟

¿Li-mádá?

AFIRMACIONES

Sí
نعم
Naam

De acuerdo
موافق
Muwáfiq

Es verdad
صحيح
Sahíh

Quizá
ممكن
Mumkin

Como usted quiera
كما تريد
Kamá turíd

Cuando usted guste
عندما تريد
متى تريد
Indamá turíd
Matá turíd

Tiene usted razón
الحق معك
Alhaaq maak

Entiendo
مفهوم
Mafhhúm

NEGACIONES

No
لا
Lá

En absoluto
أبدا
Abadán

Nunca
أبدا
Abadan

Nadie
لا أحد
Lá ahad

No sé
لا أعرف
Lá aarif

Lo siento
متأسف
Muta-assif

No entiendo
لا أفهم
Lá afhham

No creo
لا أظن
Lá adhonn

Está usted confundido
أنت غالط
Anta ghálit

23

Es falso	Nada	Es imposible
غير صحيح	لا شيء	غير ممكن
Gheir sahih	Lá shei	Gheir mumkin

PRESENTACIONES

Le presento	Mucho gusto	Me llamo
٠٠٠ أقدم لك	تشرّفنا	اسمي
Uqaddim laka	Tasharrafná	Ismí

CORTESIA

Gracias	Muchas gra-cias	Por favor
شكرا	شكرا جزيلا	من فضلك
Shukran	Shukran ŷazsílan	Min fadhlik

Se lo ruego	Con mucho gusto	A su salud
أرجوك	بكل سرور	على صحتك
Arŷúk	Bikul-li surúr	Aalá sihatik

Siéntese, por favor	Dispense	Perdón
تفضل اجلس	اسمحلي	عفوا
Tafaddhal Iŷlis	Ismahlí	Aafwan

		Es usted muy amable
		كلك لطف
		Kul-luka lutf

24

EXCLAMACIONES

¡Qué cosa más bonita!

ما أجمله !

¡Ma Aŷmala-hhu!

Maravilloso

رائع

Rá-ii

¡Qué gusto!

يا ليل ! /
يا عيني !

¡Yá líl! / Yá Iíní

¡Qué suerte!

يا للحظ !

Yá lilhaddh

Es curioso

غريب

Gharíb

¡Qué lástima!

يا للأسف ؟

Yá lil-asaf

¡Qué fastidio!

أف !

¡Uffin!

¡Qué tontería!

هذا كلام فارغ

Hhadá kalám fárigh

¡Qué vergüen-za!

يا للعار

Yá lil-Aár

ORDENES

Hable más despacio

من فضلك تكلم
على مهلك

Min faddhlik takal-lam aalá mahhlik

¡Socorro!

النجدة

¡Annaŷda!

¡Escuche!

اسمع !

¡Ismaa!

¡Camarero!

يا خادم !

¡Yá jádim!

Por favor, dése prisa

بسرعة من فضلك

Bisur-aa min faddhlik

¡La cuenta!

هات الحساب !

Hhátil-hisáb

¡Salga!

أخرج !

¡Ujruŷ!

¡Venga aquí!

تعالى !

¡Ta-aá-lá!

¡Déme!

أعطني !

¡Aatiní!

Silencio

أسكت

Uskut

PALABRAS DE USO MUY FRECUENTE

Además
فوق ذلك
Fawqa dallik

Bien
طيب
Tayyeb

Debajo de
تحت
Tahta

Algunas veces
أحيانا
Ahyánan

¿Cómo?
كيف ؟
Kaifa

Demasiado
أكثر من اللازم
Akzar minal-lázim

Apenas
لا يكاد
Lá yakád

Alrededor de
حول
Hawla

Despacio
رويدا
Ruwaydan

Atrás
الى خلف
Ilá jalf

Antes de
قبل
Qabla

¿Dónde?
أين ؟
Ayna?

Cerca de
قرب
Qurba

Arriba
فوق
Fawqa

Encima
فوق
Fawqa

Adelante
الى الأمام / قدام
Ilál-amám / quddám

Casi
تقريبا
Taqríban

En seguida
حالا
Hálan

Allí
هناك
Hhunák

Contra
ضد
Ddhidda

Excepto
سوى
Siwá

Aquí
هنا
Hhuná

¿Cuándo?
متى ؟
¿Matá?

Hasta
حتى
Hattá

26

Menos	**Demasiados**	**Para**
أقل	بكثرة	·· ، كي
Aqal	*Bikazra*	*Li..., kay*

Muy	**Después de**	**Según**
جدا	بعد	حسب
Ɏiddan	*Baada*	*Hasba*

¿Por qué?	**Durante**	**Sólo**
لماذا ؟	خلال	فقط
Li-mádá?	*Jilála*	*Faqat*

Rápido	**En frente**	**Temprano**
سريع	أمام	باكرا
Sarii	*Amáma*	*Bákiran*

Sin	**Fuera de**	**Un poco**
بدون	خارج	قليلا
Bidún	*Járiŷ*	*Qalílan*

Todavía	**En todas partes**	**¿Cuántos?**
لم يزل ، للآن	في كل مكان	كم من واحد ؟
Lam yazsal, lil-án	*Fí kul makán*	*¿Kam min wáhid?*

¿Cuánto?	**Lejos**	**Dentro de**
كم ؟	بعيد	داخل
¿Kam?	*Ba-iíd*	*Dájil*

Delante de	**Mucho**	**Desde**
أمام	كثيرا	من
Amáma	*Kacíran*	*Min*

Detrás	**Hacia**	**Pronto**
خلف	الى	قريبا
Jalfa	*Ilá*	*Qaríban*

En	**Más**	**Siempre**
في	أكثر	دائما
Fí	*Aczar*	*Dá-i-man*

En otra parte	**Muchos**	**También**
فى مكان آخر	كثيرون	أيضا
Fímakán ájar	*Kacírún*	*Ayddhan*

Entonces	**Porque**	**Y**
اذا / بعدين	لأن	و
Baadín/Idan	*Li-anna*	*Wa*

AVISOS O CARTELES PUBLICOS

Cuidado
انتبه
Intabihh

Cerrado
مقفول
Maqfúl

Peligro
خطر
Jatar

Ascensor
مصعد
Mis-aad

Entrada
دخول
Dujúl

Salida
خروج
Jurúӯ

Se alquila
للكراء
Lilkirá

Se vende
للبيع
Lilbayii

Libre
خال
Jálin

**Cables de alta
tensión**
أسلاك الضغط
العالي
*Aslakaddhagh-
til-aálí*

**Prohibido pi-
sar el césped**
ممنوع المشي
على الأعشاب
*Mamnú-ul-
mashey aalál
aasháb*

**Prohibido el
paso**
ممنوع الدخول
*Mamnú-
uddujúl*

29

Señoras	**Lavabos**	**Ascensor**
للسيدات	حمام	مصعد
Lissayidát	*Hammám*	*Mis-aad*

Caballeros	**Se prohíbe la entrada**	**Se prohíbe fumar**
للرجال	ممنوع الدخول	ممنوع التدخين
Lirriyál	*Mamnú-uddu-júl*	*Mamnú-ut-tadjín*

Ocupado	**Abierto**	**Silencio**
مشغول	مفتوح	سكوت
Mashghúl	*Maftúh*	*Sukút*

Prohibido fijar carteles	**A la derecha (izquierda)**	**Cuidado con la pintura**
ممنوع تلصيق اليافطات	الى اليمين (الى اليسار)	انتبه للدهن
Mamnúu tal-síqal-yáfitát	*Ilal-yamín (Ilal-yasár)*	*Intabihh lid-duhhun*

Tirar	**Empujar**	**Privado**
اجذب	ادفع	خاص
Iŷdab	*Idfaa*	*Jáss*

Atención al...	**Obras**	**Llame al timbre**
احترس من ٠٠٠	أشغال	دق الجرس
Ihtaris min...	*Ashghál*	*Duqqal-ŷaras*

30

TRAFICO

Cruce
مفترق
Muftaraq

Peligro
خطر
Jatar

Autopista
طريق سريعة
Taríq sarí-aa

Calle sin salida
دون منفذ
Dún manfad

Dirección única
اتجاه واحد
Ittiyáhh wáhid

Curva peligrosa
منعطف خطير
Mun-aa-taf jatír

Estrecho
ضيق
Ddhayyiq

Despacio
مهلا
Mahhlan

Escuela
مدرسة
Madrasa

Desviación
تبديل اتجاه /
منعرج
Tabdílit-ti-yáhh / Mun-aa-raý

Paso a nivel
ممر قطار
(مزلقان)
Mamarr qitár (Mazslaqán)

Velocidad limitada
سرعة محدودة
Sur-aa Muhaddada

31

NUMEROS

1.	واحد	*Wáhid*
2.	اثنين	*Iznín*
3.	ثلاثة	*Zaláza*
4.	أربعة	*Arba-a*
5.	خمسة	*Jamsa*
6.	ستة	*Sitta*
7.	سبعة	*Sab-aa*
8.	ثمانية	*Zamániya*
9.	تسعة	*Tis-aa*
10.	عشرة	*Aa-shara*
11.	أحداش	*Ahdásh*
12.	اثناش	*Aznásh*
13.	ثلطاش	*Zalattásh*
14.	أربعطاش	*Arba-atásh*
15.	خمسطاش	*Jamastásh*
16.	سطاش	*Sattásh*
17.	سبعطاش	*Sab-atásh*
18.	ثمنطاش	*Zamantásh*
19.	تسعطاش	*Tisa-atásh*
20.	عشرين	*Iishrín*
21.	واحد وعشرين	*Wáhid wa iishrín*
22.	اثنين وعشرين	*Iznín wa iishrín*
23.	ثلاثة وعشرين	*Zaláza wa iishrín*
24.	أربعة وعشرين	*Arba-a wa iishrín*

30.	ثلاثين	*Zaláćin*
40.	أربعين	*Arba-ín*
50.	خمسين	*Jamsín*
60.	ستين	*Sittín*
70.	سبعين	*Sab-ín*
80.	ثمانين	*Zamánín*
90.	تسعين	*Tis-ín*
100.	مائة	*Mi-ya*
200.	ميتين	*Mí-tín*
300.	ثلاثة مائة	*Zaláza Mi-ya*
400.	أربعة مائة	*Arba-a Mi-ya*
500.	خمسة مائة	*Jamsa Mi-ya*
600.	ستة مائة	*Sitta Mi-ya*
700.	سبعة مائة	*Sab-aa Mi-ya*
800.	ثمانية مائة	*Zamáni Mi-ya*
900.	تسعة مائة	*Tis-aa Mi-ya*
1.000.	ألف	*Alf*
10.000.	عشرة آلاف	*Aashara Áláf*
100.000.	مائة ألف	*Mi-yat Alf*
1.000.000.	مليون	*Milyún*
1.000.000.000.	ألف مليون	*Alf Milyún*
1.°	أول	*Awwal*
2.°	ثاني	*Zání*
3.°	ثالث	*Záliz*
4.°	رابع	*Rábii*
5.°	خامس	*Jámis*
6.°	سادس	*Sádis*
7.°	سابع	*Sábii*

33

8.°	ثامن	*Zámin*
9.°	تاسع	*Tásii*
10.°	عاشر	*Aáshir*
1/2	نصف	*Nisf*
1/3	ثلث	*Zuluz*
1/4	ربع	*Rubuu*
1/5	خمس	*Jumus*
1/6	سدس	*Sudus*
1/7	سبع	*Subuu*
1/8	ثمن	*Zumun*
1/9	تسع	*Tusuu*
1/10	عشر	*Uushur*

VIAJE

Viajar es delicioso, cierto, pero debe prevenirse contra pequeños incidentes que podrían convertirse en desagradables problemas. Si usted se desplaza en su propio automóvil, junto al mapa de ruta, que seguramente considerará indispensable, no olvide la GUIA YALE, que le sacará de apuros si tiene la mala suerte de tener una avería. De la misma forma, le ayudará a pasar la Aduana, a sacar billete para el medio de transporte que ha elegido, a saber de qué andén sale su tren o de qué pista despega su avión. Con ella, en fin, podrá entenderse con el taxista o el conductor del autobús, que, muy probablemente, desconocerán el español.

LA ADUANA

Aduana	Nombre	Apellido
جمارك	الاسم	اللقب
Gamárik	*Al-ism*	*Al-laqab*

Documentación	Equipaje	Regalo
وثائق	أمتعة	هدية
Wazá-iq	*Amti-aa*	*Hhadiyya*

Permiso internacional de conducir	Derechos de aduana	Pasaporte
رخصة سياقة دولية	رسوم جمركية	جواز السفر
Rujsat siyáqa duwaliya	*Rusúm gumrukiyya*	*Ɛawázsussafar*

Oficina de cambio

مكتب الصرف

Maktabus-sarf

Por favor, su pasaporte

جواز السفر من فضلك

Ɛawázsu-ssafar Min Fadhlik

Muéstreme su documentación y el certificado médico

أرني الوثائق والشهادة الطبية

Ariníl-wazá-iq wash-shahhádat-tibiyya

¿Tiene algo que declarar?

هل تعلن عن شيء ؟

¿Hhal Tuulin aan Shei?

Nada

لا . لا شيء

Lá. Lá Shei

Llevo algunas botellas de whisky y cigarrillos

عندي وسكي وسكائر

Iindí wiskí wa sagá-ir

Abra las maletas

افتح الحقائب

Iftahil-haqá-ib

¿Debo pagar por estos regalos?

هل يجب أن أدفع جمرك عن هذه الهدايا ؟

¿Hhal yaɣib an adfaa Gumruk aan hhadihhil-hhadáyá?

¿Qué hay en estos paquetes?

ماذا عندك في هذه الرزمة ؟

¿Máda iindaka fi hhadihhir-rizsma?

Objetos de uso personal y algunos artículos de cocina

أغراض شخصية وأدوات مطبخ

Aghrádh shajsiyya wa adawat matbaj

¿Puedo cerrar mis maletas?

ممكن اقفل حقائبي ؟

¿Mumkin uqfil haqá-ibí?

¿Cuánto debo pagar?

كم يجب أن أدفع عن هذا ؟

¿Kam yaŷib an adfaa aan hhádá?

¿Está todo en orden?

هل كل شيء على ما يرام ؟

¿Hahl kul shei aalá má yurám?

¿Dónde está la oficina de cambio?

أين يوجد مكتب الصرف ؟

¿Ayna yúŷad maktabus-sarf?

¿Cuál es la cotización de la peseta?

ما سعر تحويل البستة ؟

¿Má si-iir tahwil al-peseta?

¿Puede cambiarme... pesetas?

هل تصرف لي بستاس ؟

¿Hhal tusarrif lí pesetas?

¿Dónde puedo encontrar un taxi?

أين ألقى تاكسي ؟

¿Ayna alqá tacsi?

EL BARCO

Puerto	Muelle	Camarote
ميناء	رصيف	غرفة / قمرية
Miná	*Rasif*	*Ghurfa/qam riyya*

Proa	Popa	Bodega
مقدم السفينة	مؤخر السفينة	عنبر السفينة
Muqaddamus-safina	*Mu-ajjarus-safina*	*Aanbarus-safina*

Babor	Estribor	Timón
يسار السفينة	ميمنة السفينة	دفة السفينة
Yasárus-safina	*Maymanatus-safina*	*Daffatus-safina*

Cubierta	**Capitán**	**Práctico**
سطح السفينة	قبطان	قائد السفينة
Sathus-safina	*Qubtán*	*Qá-idus-safina*

Marinero	**Travesía**	**Hacer escala**
بحار	رحلة	توقف في ٠٠
Bah-hár	*Rihla*	*Tawaqqafa fí*

Atracar	**Levar anclas**	**Hamaca**
رسا	أبحر	سرير معلق
Rasá	*Abhara*	*Sarír mu-aal-*

¿Qué día (a qué hora) sale el barco para...?
أي يوم (في أي ساعة) تخرج السفينة ؟
Ayy yawm (fí ayy sá-aa) tajruŷus-safina

Desearía un pasaje para...
أريد تذكرة الى ٠٠٠
Urid tadkara ilá

Déme un camarote de primera clase
أعطني غرفة درجة أولى
Aatiní ghurfa daraŷa úlá

Debe estar en el puerto dos horas antes de la salida
يجب أن تكون في الميناء ساعتين قبل وقت الخروج
Yaŷib an takún fil-míná sá-aatain qabla waqtil-jurúŷ

¿De qué muelle sale el barco?
من أي رصيف تخرج السفينة ؟
¿Min ayy rasif tajruŷus-safina?

¿Dónde está mi camarote?
أين غرفتي ؟
¿Ayna ghurfatí?

Su camarote está situado a proa

غرفتك في مقدم السفينة

Ghurfatuka fí muqaddamis-safina

Por aquí ¡cuidado con la cabeza!

من هنا ، حذاري رأسك !

Min hhuná !hadári ra-asuka!

Estos bultos deben ir en la bodega

يجب أن تترك هذه الرزمة في العنبر

Yayib an tatruk hhadihhir-rizsma fíl-aanbar

¿Cuántas escalas haremos antes de llegar a...?

كم مرة سنتوقف قبل الوصول الى ٠٠٠ ؟

¿Kam marra sanatawaqqaf qablal-wusúl ilá...?

El barco atracará en los puertos de...

سيتوقف المركب في ٠٠٠

Sayatawaqqaful-markab fí...

¡Atención! El barco va a levar anclas

انتبهوا ! المركب سيبحر

¡Intabihhú! Almarkab sayubhir

¡Agárrese bien!

شدوا أنفسكم

Shuddú anfusakum

Me mareo

سأدوخ

Sa-adúj

¿Tiene píldoras contra el mareo?

هل عندك حبوب ضد الدوخة ؟

¿Hhal iindaka hubúb dhidda dú-ja?

¿Dónde está el bar?

أين المشرب (البار) ؟

¿Aynal-mashrab (Albar)?

40

No abre hasta las diez
لا يفتح قبل العاشرة
Lá yaftah qabla-aashira

Camarero ¿Puede proporcionarme una hamaca?
يا خادم سرير معلق من فضلك
Yá jádim sarir mu-aal-laq min fadhlik

Entramos ya en el puerto
قد دخلنا المرفأ
Qad dajalnál-marfa

¿Tardaremos en desembarcar?
هل سنبطأ في النزول
¿Hhal sanabta-u fin-nuzsúl?

Sírvase bajar mis maletas al muelle
من فضلك نزل حقائبي الى الرصيف
Min fadhlik nazsil haqá-ibí ilár-rasíf

EL TREN

La estación	El andén	Las vías
المحطة	الرصيف	السكة
Almahatta	*Ar-rasíf*	*As-sikka*

Locomotora	Ventanilla	Revisor
القاطرة	الشباك	المفتش
Alqátira	*Ash-shubbák*	*Almufat-tish*

Mozo	Viajero	Baúl
حمال	مسافر	صندوق
Hammál	*Musáfir*	*Sondúq*

Maleta	Maletín	Equipaje
حقيبة	حقيبة صغيرة	أمتعة
Haqíba	*Haqíba saghíra*	*Amti-aa*

42

Billete	**Ida**	**Ida y vuelta**
تذكرة	ذهاب	ذهاب واياب
Tadkara	Dahháb	Dahháb wa Iyyáb

Primera	**Segunda**	**Consigna**
درجة أولى	درجة ثانية	ا الأمانات
Daraŷa úlá	Daraŷa Zániya	Mustawda-aa
		مستودع
		Al-amánát

¿Dónde está la taquilla?

أين شباك التذاكر ؟

¿Ayna shubbákut-tadákir?

¿Cuál es el precio de un billete para...?

ما هو ثمن التذكرة الى ٠٠٠ ؟

¿Má hhua zamanut-tadkara ilá...?

Hoy no hay tren

لا يوجد قطار اليوم

Lá yúŷad qitár alyawm

Un billete para Alejandría

تذكرة الى الاسكندرية

Tadkaru ilál-Iskandariya

¿Para qué tren?

لأي قطار ؟

¿Li-ayy qitár?

¿Hay tarifa reducida para niños?

هناك سعر خاص بالأطفال ؟

¿Hhunák si-iir jáss bil-atfál?

¿Cuánto es?

كم ؟

¿Kam?

43

Quiero facturar mi equipaje

أريد تسجيل حقائبي

Uríd tasŷíl haqá-ibí

Aquí están los talones

هذا ايصال التسجيل

Hhadá ísálut-tasŷíl

Ponga estas maletas en el tren

خذ هذه الحقائب الى القطار

Jud hhadihhil-haqá-ib ílál-qitár

Estas son mis maletas

هذه حقائبي

Hhadihhi haqá-ibí

¿A qué hora sale el tren para...?

أي ساعة يخرج القطار الى ٠٠٠ ؟

¿Ayy sá-aa yajruŷul-qitár ilá...?

Dentro de diez minutos

بعد عشرة دقائق

Ba-aada aashara daqá-iq

El tren para... sale del andén nº. 4

القطار الى ٠٠٠ يخرج من الرصيف رقم ٤

Alquitár ilá... yajruŷ minar-rasif raqam arba-aa

¿Es éste el tren para...?

هل هذا هو القطار الذاهب الى ٠٠٠ ؟

¿Hhal hhadá hhual-qitárud-dáhhib ilá...?

¿Dónde está el quiosco de periódicos?

أين محل بيع الجرائد ؟

¿Ayna mahal bay-uul-ŷará-id?

Un horario, por favor

جدول مواعيد من فضلك

Ŷadwal mawá-iid min fadhlik

44

Sres. viajeros, al tren

السادة المسافرين الى القطار

Assadal musáfirin ilál-qitár

Este asiento está ocupado

هذا المقعد محجوز

Hhadál-maq-aad mahŷúzs

¿Por qué se para el tren?

لماذا وقف القطار ؟

¿Limádá waqafal-qitár?

Paramos aquí media hora

سنتوقف هنا نصف ساعة

Sanatawaqqaf hhuná nisf sá-aa

¿Me permite fumar, señora?

هل تسمحين أن أدخن يا سيدة ؟

¿Hhal tasmahín an udajjin yá sayyida?

Por favor, cierre la ventanilla

أقفل النافذة من فضلك

Aqfilin-náfida min fadhlik

Billetes, por favor

التذاكر من فضلكم

Al-tadhákir min fadhlikum

¿Dónde está el coche restaurante?

أين عربة الأكل ؟

¿Ayna aarabatul-akl?

¿Hay transbordo en el trayecto?

هناك تغيير قطار في الطريق ؟

¿Hhunák taghyir qitár fit-taríq?

Debe cambiar de tren en...

يجب أن تغير القطار في ٠٠

Yaŷib an tughayyiril-qitár fí...

Prepare mi cama

حضرلي سريري

Haddhir lí sarírí

Avíseme a las siete

نادني على الساعة السابعة

Nádiní aalás-sá-aas-sábi-aa

¿Cuántas estaciones faltan para llegar a...?

كم من محطة بقيت الى ٠٠٠ ؟

¿Kam min mahatta baqiyat ilá...?

¿A qué hora llegamos?

أي ساعة سنصل ؟

¿Ayy sá-aa sanasil?

Llevamos 15 minutos de retraso

عندنا ١٥ دقيقة تأخير

Iindaná jamsa aashra daqiqa ta-ajír

Recoja mi equipaje

خذ متاعي

Jud matá-ií

Este maletín no es mío

هذه الحقيبة الصغيرة ليست لي

Hhadihhil-haqíbas-saghíra laysat lí

Búsqueme un taxi

أطلب لي تاكسي

Utlub lí tacsí

VIAJE EN AUTOMOVIL

El viaje en automóvil es delicioso, cierto, pero debe prevenirse contra pequeños incidentes que podrían convertirse en desagradables problemas. Junto al mapa de ruta, que seguramente considerará indispensable, no olvide poner la GUIA YALE, que le sacará de apuros si tiene la mala suerte de tener una avería o simplemente para entablar un sencillo diálogo con el expendedor de gasolina.

AUTOMOVIL: Servicio y Averías

Aceite	**Acelerador**	**Agua**
الزيت	دواسة البنزين	الماء
Azseit	*Dawwásatul-benzsín*	*Almá*
Aire	**Avería**	**Batería**
الهواء	عطل	البطارية
Al-hhawá	*Uutol*	*Al-battáriya*

47

Biela	**Bobina**	**Bomba**
الذراع	المكب (البوبينة)	المضخة
Ad-dirá-aa	*Al-mikabb (Al-búbina)*	*Al-midhajja*

Bujía	**Caja de cambios**	**Cámara**
شمعة الاشتعال	صندوق تبديل السرعة	اطار داخلي
Sham-aatul-ishti-aál	*Sondúq tabdí-lus-sur-aa*	*Itár dájilí*

Capot	**Carburador**	**Cárter**
باب المحرك	محول التبخير (كربوراتور)	خزان الزيت
Bábul-muharrak	*Muhawwilut-tabjír (carburatúr)*	*Jazsánu-zseit*

Cigüeñal	**Cinturón de seguridad**	**Correa de ventilador**
محور الحدبات	حزام الأمان	حزام المروحة
Mihwarul-hadabát	*Hizsámul-amán*	*Hizsámul-mirwaha*

Culata	**Depósito**	**Desembrague**
مغلاق الاسطوانة	الخزان	فصل الحركة
Mighláqul-Istiwána	*Aljazsán*	*Faslu-lharaka*

Dinamo	**Embrague**	**Faro (anti-niebla)**
مولد الكهرباء	وصل الحركة / دبرياج	مصباح (ضد الضباب)
Muwal-lidul-kahhrabá	*Waslu-lharaka Dibriyáy*	*Misbáh (Dhidda-dhabáb)*

Filtro	Freno	Fusible
مصفاة	المكبح / فرامل	صهيرة
Misfát	Al-mikbah / Farámil	Sahhíra

Gasolina	Gato	Guardabarros
بنزين	مرفع	الرفرف
Benzsín	Mirfa-aa	Arrafraf

Intermitente	Junta de culata	Limpia-para-brisas
الوامض	وصلة مغلاق الاسطوانة	منظف الدراءة (واقية الريح)
Al-wámidh	Waslat Mighlaqul-Istiwána	Munaddhifud darrá-a (wáqiyatur-ríh)

Llave de contacto	Matrícula	Mezcla
مفتاح التماس	رقم قيد	خليط
Miftáhut-tamás	Rakm qayd	Jalít

Motor	Neumático	Palanca
محرك	اطار مطاط	رافعة
Muharrik	Itár mattát	Ráfi-aa

Parabrisas	Parachoques	Pedal
دراءة (واقية الريح)	واقية الصدمات	دواسة
Darrá-a (wáqiyatur-ríh)	Wáqiyatus-sadamát	Dawwása

49

Pilotos	Pinchazo	Pistón
اشارة ضوئية	انتقاب العجلة	مكبس
Ishára Dhaw-i-yya	Intiqábul-aaÿala	Mikbas

Platinos	Portezuela	Radiador
صفائح القدح	الباب	مبراد
Safá-ihul-qadah	Al-báb	Mibrád

Rueda	Segmentos	Tubo de escape
دولاب / عجلة	سوار	المنفس
Duláb / aaÿala	Siwár	Al-minfas

Válvula	Volante
صمام	المقود
Simám	Al-miqwad

Tengo un neumático deshinchado
عندي اطار مفشوش
Iindi itár mafshúsh

Repase las bujías
افحص الشمعات
Ifhasish-shama-aát

Cargue la batería
اشحن البطارية
Ish-hanil-battáriya

Tengo avería
حصل لي عطل
Hasala lí uutol

Mi coche se ha averiado a... kms. de aquí
تعطلت سيارتي على ٠٠٠ كلم من هنا
Ta-aattalat sayyárati aalá... kilometer min hhuná

50

¿Puede Ud. remolcarme?

يمكنك أن تجر سيارتي ؟

Yumkinuka an taŷurr sayyáratí

El coche no arranca

السيارة لا تدور

As-sayára lá tadúr

El radiador pierde

المبراد يضيع

Almibrád yudhayyi-ii

El motor está agarrotado

المحرك مقبوض

Al-muharrik maqbúdh

El embrague no funciona

(الدبرياج) وصل الحركة لا يشتغل

(Ad-dibriyáŷ) waslul-haraka lá yashtaghil

¿Dónde está el garaje?

أين الكراج ؟

¿Aynal-garáŷ?

¿Está abierto por la noche?

هو مفتوح في الليل ؟

¿Hhua maftúh fíl-lail?

Llene el depósito

املأ الخزان

Imla-el-jazsán

Veinte litros, por favor

عشرين لتر من فضلك

Iishrín litr min fadhlik

51

Son... pesetas

بستس ...

.. Pesetas

Necesito aceite (agua)

أنا بحاجة الى زيت (ماء)

Aná bi-há-ŷa ilá zsait (má)

Quiero cambiar el aceite

أريد تغيير الزيت (الماء)

Uríd taghyíra-zsait (Almá)

¿Pueden engrasar el coche?

هل يمكنكم تشحيم السيارة ؟

Hhal yumkinukum tash-himas-sayyára

Llene el radiador

املأ المبراد

Imla-il-mibrád

Revise los neumáticos

افحص الاطارات

Ifhasil-itárát

¿Tienen Uds. repuestos?

هل عندك بديل ؟

Hhal iindaka badíl?

Tenemos que pedir recambios

يجب أن نطلب قطع غيار

Yaŷib an natlub qitaa ghiyár

¿Tienen mecánico?

هل يوجد ميكانيكي ؟

¿Hhal yúŷad míkáníkí?

52

¿Cuánto tiempo tardarán en lavarlo (repararlo)?

ما مدة الغسيل (التصليح) ؟

¿Má muddatul-ghasíl (At-taslíh)?

Tardarán tres días

نحتاج الى ثلاثة أيام

Nah-táy ilá zalázat-ayyam

Necesita bujías nuevas

بحاجة الى شمعات جديدة

Bi-há-ya ilá shama-át yadída

¿Pueden hacer un arreglo provisional?

هل يمكنكم أن تقوموا بتصليح مؤقت ؟

¿Hhal yumkinukum an taqúmú bitaslíh mu-aqqat?

Hay que reparar el carburador

يجب تصليح محول التبخير (الكاربوراتور)

Yayib taslíh muhawwilat-tabjír (Al cárbúratúr)

¿Qué le pasa?

ما به ؟

¿Má bi-hhi?

La batería está descargada

البطارية غير مشحونة

Al battáriya ghair mash-húna

¿Dónde está la comisaría (el hospital)?

أين مركز الشرطة (المستشفى) ؟

¿Ayna markazsush-shurta (Al mustashfá)?

Hay un accidente a ... kilómetros de aquí

وقع حادث على بعد ٠٠٠ كلم من هنا

Waqa-aa hádiz aalá buud ... kilometr min hhuná

53

Hay heridos

هناك جرحى

¿Hhunák ŷar-há?

Llamen a un médico

أطلب طبيب

Utlob tabíb

¿Está usted herido?

هل أنت مصاب ؟ هل أنت مجروح ؟

¿Hhal anta musáb? — ¿Hhal anta maŷ-rúh?

Aquí está mi poliza de seguros

هذه وثيقة التأمين

Hhadihhi waciqatut-ta-amín

AUTOMOVIL: Alquiler, en carretera

Norte	**Sur**	**Este**
شمال	جنوب	شرق
Shamál	*Ŷanúb*	*Sharq*

Oeste	**Por aquí**	**Por allá**
غرب	من هنا	من هناك
Gharb	*Min hhuná*	*Min hhunák*

A la derecha (izquierda)	**Lejos**	**Cerca**
الى اليمين (اليسار)	بعيد	قريب
Ilál-yamín (Al yasár)	*Baa-iíd*	*Qaríb*

Deseo alquilar un coche
بودي تأجير سيارة
Biwiddí ta-aŷír sayyára

Aquí está mi carnet de conducir
هذه رخصة السياقة
Hhadihhi rujsatus-siyáqa

¿Cuál es el precio por km. (por día)?

ما هو السعر بالكلم (لليوم) ؟

Má hhuas-si-iir bil-kilometr (lil-yawm)?

Incluido el seguro

التأمين محسوب

Atta-amín mahsúb

¿Debo dejar fianza?

هل أترك ضمان احتياطي ؟

Hhal atruk dhamán ihtiyáti?

¿Puedo dejar mi coche aquí?

ممكن أترك سيارتي هنا ؟

¿Mumkin atruk sayyárati hhuná?

¿Cuánto tiempo?

كم وقت ؟

¿Kam waqt?

Toda la noche

كل الليل

Kul-la-layl

¿A qué distancia está ... ?

كم تبعد (يبعد) ٠٠٠ ؟

¿Kam tab-uud (yab-uud) ... ?

Son unos ... kilómetros

هناك ٠٠٠ كلم

Hhunák ... kilometer

No está lejos

ليس بعيد

Laysa ba-iúd

Para ir a ..., por favor

من أين الذهاب الى ٠٠٠ من فضلك

¿Min aynad-dahháb ilá ... min fadhlik?

56

En esta dirección

في هذا الاتجاه

Fí hhadal-ittiyáhh

Siga, va en dirección correcta

تابع أنت في الاتجاه الصحيح

Tábii anta fíl-ittiyáhhis-sahíh

¿Es buena la carretera?

هل الطريق طيب

Hhal-it-taríq tayyib?

Sí, pero con muchas curvas

نعم ، ولكن ستجد كثير من المنحنيات

Naam wa lakin satayid kacír minal-munhanayát

¿Es esta la carretera para ...?

هل هذا الطريق يؤدي الى ٠٠٠ ؟

¿Hhal hhadat-taríq yu-addí ilá ...?

Gire a la izquierda en el primer cruce

در الى اليسار عند المفترق الأول

Dur ilál-yasár iindal-muftaraqil-awwal

¿Puede hacerme un croquis?

هل يمكنك أن تضع لي رسم ؟

¿Hhal yumkinuku an tadha-aa lí rasm?

¿Puede recomendarme un buen restaurante?

هل تدلني على مطعم طيب ؟

Hhal tadul-luní aálá mat-aa-m tayyib?

Vaya a ... le atenderán bien

اذهب الى ٠٠٠ سيخدمونك خدمة طيبة

Id-hhab ilá ... sayajdimúnaka jidma tayyiba

¿Está lejos?

هل هو بعيد ؟

Hhal hhua ba-iid

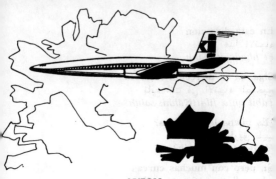

AVION

Aeropuerto	Pista de aterrizaje	Hélice
المطار	مهبط الطائرة	المروحة
Al matár	*Mahhbatut-Tá-ira*	*Almirwaha*

Piloto	Radiotelegrafista	Azafata
القائد	ميكانيكي الراديو والتلغراف	المضيفة
Alqá-id	*Mikánikír-rádiyú watteleghráf*	*Almudhayyifa*

Cinturón de seguridad	Vuelo	Motores
حزام الأمان	الرحلة	المحركات
Hizsámul-Amán	*Arrihla*	*Almuharrikát*

Butaca	Estación terminal
المقعد	آخر الخط
Almaq-aad	*Ajirul-jatt*

Deseo una reserva para el próximo vuelo a ...

بودي الحجز للرحلة القادمة الى ٠٠٠

Biwiddíl-haýzs lir-rihla-qádima ilá ...

¿Cuánto equipaje admiten libre de pago?

كم متاع تقبلون دون رسوم ؟

¿Kam matá-aa taqbalún dún rusúm?

¿Cómo puedo trasladarme al aeropuerto?

كيف أستطيع التنقل الى المطار ؟

¿Kaifa astatí-uut-tanaqul ilál-matár?

En el autocar de la Compañía

في الباص التابع للشركة

Fíl básit-tábi-ii lish-sharika

El altavoz le avisará

مكبر الصوت سينبهكم

Mukabbirus-sawt sayunabbihhukum

Se ruega a los pasajeros del vuelo ... pasen a la puerta ...

المرغوب من المسافرين في الرحلة ٠٠٠ التوجه
الى الباب ٠٠٠

Al marghúb minal musáfirín fír-rihla ...
attawaýýuhh ilál-báb ...

¡Prohibido fumar!

ممنوع التدخين

Mamnú-ut-tadjín

Por favor, abróchense los cinturones

اربطوا الأحزمة من فضلكم

Irbatúl- ahzsima min fadhlikum

No deben fumar hasta que hayamos despegado

لا تدخنوا قبل أن يكتمل الطيران

Lá tudajjinú qabla an yaktamilat-tayarán

59

Déme un poco de algodón para los oídos, por favor

أعطني قليل من القطن للأذنين من فضلك

Aatiní qalíl minal-qutn lil-udunein min fadhlik

¿Dónde estamos ahora?

أين نحن الآن ؟

¿Ayna nahnul-án?

¿Quiere tomar algo?

هل تريد أن تشرب شيئًا ؟

¿Hhal turíd an tashrab shei-an?

Una taza de café, por favor

فنجان قهوة من فضلك

Finyán qahwa min fadhlik

Hay algo de niebla

هناك قليل من الضباب

Hhunák qalil minad-dhabáb

Aterrizaremos dentro de diez minutos

ستهبط الطائرة بعد عشر دقائق

Satahhbitut-tá-ira baada aashar daqá-iq

El avión está descendiendo

الطائرة هابطة

At-tá-ira hhábita

Retire su equipaje en la estación terminal

اسحب أمتعتك في آخر الخط

Is-hab amti-aa-taka fí ájiril-jatt

Ha sido un viaje muy agradable

كانت السفرة ممتعة

Kánatis-safra mumti-aa

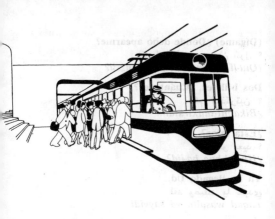

AUTOBUS Y METRO

Quiero ir a ...

أريد أن أروح الى ٠٠٠

Uríd an arúh ilá

¿Qué autobús debo tomar ?

أي باص يجب أن أركب ؟

¿Ayy bás yaŷib an arkab?

Pare aquí

قف هنا

Qif hhuná

¿Pasa este autobús por ...?

هل يمر هذا الباص من ٠٠٠ ؟

¿Hhal yamurr hhadál-bás min ...?

El metro le deja muy cerca

المترو سيتركك بالقرب من هذا المكان

Al metro sa-yatrukuka bil-qurb min hhadál-makán

61

(Dígame) ¿Dónde debo apearme?

(قل لي) أين يجب أن أنزل ؟

(Qul-lí) ¿Ayna yaŷib an anzsil?

Dos billetes. ¿Cuánto es?

بكم التذكرتين ؟

¿Bikamit-tadkiratain?

¿Está lejos?

هل هو بعيد ؟

¿Hhal hhua ba-iid?

Ya ha llegado Ud.

لقد وصلت يا سيدي

Laqad wasalta yá sayyidí

TAXI

Lléveme a la calle ...

خذني الى شارع ٠٠٠

Judní ilá shári-ii ...

Déme una vuelta por la ciudad

قم بجولة في المدينة

Qum biŷawla fíl-madina

¿Cuánto me costaría ir a ...?

كم يكلفني الذهاب الى ٠٠٠ ؟

¿Kam yukalifuníd-dahhab ilá ...?

Espéreme un momento

انتظرني لحظة

Intadhirní lahdha

Vuelvo ahora mismo

سأرجع حالا

Sa-arŷi-ii hálan

No puedo esperar

لا أستطيع الانتظار

Lá astatí-uul-intidhár

Le espero enfrente

سأنتظرك على الجانب المقابل

Sa-antadhiruka aalál-ŷanibil-muqábil

Ya hemos llegado

لقد وصلنا

Laqad wasalná

¿Qué le debo?

كم يجب أن أدفع ؟

¿Kam yaŷib an adfa-aa?

Tenga, para Ud.

تفضل هذا لك

Tafad-dhal hhadá laka

Venga a buscarme mañana a las diez

ارجع بكرة الساعة عشرة

Irŷa-aa bukra as-sá-aa aashara

Lléveme a un buen hotel

خذني الى فندق طيب

Judní ilá funduq tayyib

¿Está muy lejos?

هل هو بعيد ؟

¿Hhal hhua ba-iíd?

¿Sabe Ud. dónde está ...?

هل تعرف أين ٠٠٠ ؟

¿Hhal ta-aarif ayna ...?

HOTEL

En todo buen hotel tendrá un adecuado servicio de intérpretes, pero usted no puede pretender disponer de uno en exclusiva. Con la GUIA YALE estará seguro de hacerse comprender en todo momento y podrá disfrutar al máximo de su estancia y de la original cocina árabe.

LA LLEGADA

Gerente	Portero	Botones
المدير	البواب	الخادم
Almudír	*Albawwáb*	*Aljádim*

Maitre	Camarero	Camarera
الماتر	الخادم	الخادمة
Almetr	*Aljádim*	*Aljádima*

Comedor	Dormitorio	Bar
غرفة الأكل	غرفة النوم	الحانة / البار
Ghurfatul-akl	*Ghurfatun-nawm*	*Al-hána / Albár*

Cuarto de baño	Cama	Llave
الحمام	السرير	المفتاح
Al-hammám	*Assarír*	*Almiftáh*

64

Por favor, ¿tienen habitaciones libres?

من فضلك ، هل عندكم غرف خالية ؟

Min fadhlik ¿hhal iindakum ghuraf jáliya?

Tengo reservada una habitación

حجزت غرفة

Haŷazstu ghurfa

Desearía una habitación exterior (interior)

بودي غرفة تطل على الشارع (لا تطل على الشارع)

Biwiddí ghurfa tatol aalásh-shári-ii (La tatol aalásh-shári-ii)

Para una persona

لشخص واحد

Li shajs wáhid

Para dos personas

لشخصين

Lishajsain

Quiero una habitación con baño

أريد غرفة بحمام

Uríd ghurfa bi-hammám

¿Cuánto tiempo piensa quedarse, señor?

كم من يوم ستبقى يا سيدي ؟

¿Kam min yawm sa-tabqá yá sayyidi?

Esta noche

هذه الليلة

Hhadihhil-layla

Unos tres días

ثلاثة أيام

Zaláza ayyám

65

¿Cuál es el precio?

ما هو الثمن ؟

¿Má hhuaz-zaman?

¿Desea la habitación sola, media pensión, o pensión completa?

هل تريد الغرفة للنوم فقط ، نصف الاقامة أو الاقامة الكاملة ؟

¿Hhal turídul-ghurfa lin-nawm faqat, nisfal-iqáma awil-iqámal-kámila?

¿Incluido el desayuno?

هل الفطور داخل في ذلك ؟

¿Hhalil fatór dájil fí dalik?

¿Podría ver la habitación?

هل يمكنني أن أرى الغرفة ؟

¿Hhal yumkinuní an arál-ghurfa?

Es demasiado oscura

مظلمة جدا

Modhlima ŷiddan

Hay demasiado ruido

فيها صخب كثير

Fi-hhá sajab kacír

¿Le gusta ésta?

هل تعجبك هذه ؟

¿Hhal tu-uŷibuka hhadihhi?

Está bien, gracias

حسنا ٠ شكرا

Hasanan. Shukran

Suban mi equipaje, por favor

من فضلك ، طلع متاعي

Min fadhlik tal-li-i matá-ii

LA ESTANCIA

Agua	Jabón	Toalla
الماء	الصابون	الفوطة / المنشفة
Al-má	As-sábún	Al-fóta / Al-minshafa

Guía telefónica	Ropa	Manta
دليل التلفون	الملابس	لحاف / بطانية
Dalílut-talifún	Al-malábis	Li-háf / Battániya

Papel de cartas	Sobre	Sello
ورق الرسائل	ظرف	طابع
Waraq lir-rasá-il	Dharf	Tábi-i

Ventana	Puerta	Vaso
نافذ	باب	كاس
Náfida	Báb	Kás

Mi llave, por favor, número...
مفتاحي من فضلك ، رقم ٠٠
Miftahi min fadhlik raqam...

Hay alguna carta para mí?
هل عندي رسائل
Hhal iindi rasá-il?

Envíeme un botones
ارسل لي الخادم
Arsil lil-jádim

Adelante!
تفضل
Tafad-dhal

67

¿Dónde está la guía telefónica?

أين دليل التلفون ؟

Ayna dalílut-talifún?

El agua está fría

الماء بارد

Al-má bárid

Tráigame toallas, jabón

هات لي فوطات ، صابون

Hhát lí fútát, sábún

Encárguese de que me laven la ropa

هل تتكلف بأن يغسلوا ثيابي ؟

¿Hhal tatakal-laf bi-an yaghsilú ciyábí?

¿Podrían limpiarme los zapatos?

ممكن تنظفوا لي الحذاء ؟

¿Mumkin tunad-dhifú líl-hidá?

¿... coserme este botón ... planchar mi pantalón?

٠٠٠ تخيطوا هذا الزر ٠٠٠ تكووا بنطلوني ؟

... ¿Tujayyitú hhadázs-zsirr ... takwú bantalúni?

Esto es para lavar

هذا للغسيل

Hhadá lil-ghasíl

Estará listo para mañana

سيكون حاضر بكرة

Sa-yakún hádhir bukra

Búsqueme un taxi

أطلب لي تاكسي

Otlub lí tácsí

¿Tiene Ud. un plano de la ciudad?

هل عندك خارطة المدينة ؟

¿Hhal iindaka jaritatul-madina?

Tengo frío. Ponga otra manta en la cama

أحس ببرد • حط بطانية أخرى على السرير

U-hiss bi-bard hutt battániya ujrá aalás-sarir

Sírvase llamarme mañana temprano, a las ocho

من فضلك ، أيقظني بكرة على الساعة ثمانية

Min fadhlik, ayqidhni bucra aalás-sá-aa zamáni-ya

LA PARTIDA

Marcharé mañana por la mañana a...

سأترك الفندق بكرة الصبح على الساعة ...

Sa-atrukul-funduq bukra assobh aalás-sá-aa...

Prepare mi cuenta, por favor

حضرلي الحساب من فضلك

Had-dhir líl-hisáb min fadhlik

¿Quiere repasarla? Sólo he estado dos noches, no tres

عاود النظر من فضلك • أنا بقيت ليلتين فقط لا ثلاثة

Aá-widin-nadhar min fadhlik. Aná baqaytu layla-tain faqat lá zaláza

Gracias. ¿Está todo incluido?

شكرا • هل كل شيء محسوب ؟

Shukran. Hhal kul shei mahsúb

Sírvase bajar mis maletas

نزل حقائبي من فضلك

Nazsil haqá-ibí min fadhlik

COMIDAS

Desayuno	Comidà	Cena
الفطور	الغداء	العشاء
Al-fatór	*Al-ghadá*	*Al-aashá*

Régimen

ريجيم

(طعام خاص)

Reyím

(Ta-aám jáss)

¿A qué hora se sirve la comida, la cena?

أي ساعة يبدأ الغداء ، العشاء ؟

¿Ayy sá-aa yabda-ul-ghadá, al-aashá?

Suba el desayuno a mi habitación

أرسل لي الفطور الى غرفتي

Arsil líl-fatór ilá ghurfatí

Sírvame en seguida, tengo prisa

بسرعة من فضلك ، أنا مستعجل

Bisur-aa min fadhlik Aná musta-aýil

Tomaré el menú del día

سأتناول «الوجبة اليومية»

Sa-atanáwal «Alwaŷbal-yawmiyya»

Tráigame, por favor, una comida de régimen

هات لي وجبة ريجيم من فضلك

Hhát lí waŷbat reŷim min fadhlik

No vendré a comer. ¿Puede prepararme una bolsa de comida?

لن أرجع وقت الغداء ٠ هل يمكنني أن أحمل معي كيس طعام ؟

Lan arŷi-i waqtal-ghadá. ¿Hhal yumkinuní an ahmal ma-ií kís ta-aám?

¿Podría tomar algo a esta hora?

هل يمكنني أن أتناول شيئا الآن ؟

¿Hhal yumkinuní an atanáwal shei-anil-án?

El comedor está cerrado

غرفة الطعام مقفولة

Ghurfatut-ta-aám maqfúla

Póngalo en mi cuenta. Habitación número...

حط هذا في حسابي ٠ الغرفة رقم ٠٠٠

Hott hhadá ﬁ hisábí. Alghurfa raqam...

EN EL RESTAURANTE

Aunque en todos los restaurantes encontrará el menú escrito con sus precios, siempre tendrá necesidad de entablar un pequeño diálogo con el camarero, pedirle aclaración sobre la composición de algunos platos o elegir la bebida.

Teniendo la Guía Yale no se cree preocupaciones inútiles. Dé un vistazo a estas frases y aplíquelas en cuanto tenga oportunidad.

RESTAURANTE

Mantel	Menú	Vaso (copa)
مفرش السفرة	قائمة الطعام	كاس
Mufrashus-sofra	*Qá-imatut-ta-aám*	*Kás*

Taza	Servilleta	Cuenta
فنجان	منديل	حساب
Finÿán	*Mindíl*	*Hisáb*

Tenedor شوكة *Shawka*	**Cuchara** ملعقة *Mil-aa-qa*	**Cuchillo** سكين *Sikkin*
Vaso كاس *Kás*	**Plato** صحن *Sa-han*	**Pan** خبز *Jubzs*
Vino نبيذ *Nabid*	**Sopa** شوربة *Shúrba*	**Marisco** الصدف *As-sadaf*
Pescado السمك *As-samak*	**Carne** اللحم *Al-laham*	**Fruta** الفاكهة *Al-fáki-hha*

73

¿Dónde podemos sentarnos?

أين نجلس ؟

Ayna naŷlis?

Camarero, una mesa para cuatro

يا خادم ! طاولة لأربعة

Yá jádim! Táwila li-arba-aa

Déme la carta

قائمة الطعام من فضلك

Qá-imatot-ta-aám min fadhlik

¿Cuál es la especialidad de la casa?

ما هي أكلتكم الخاصة ؟

¿Má hhiya uklatukumul-jássa?

¿Qué vino me recomienda?

بأي نبيذ تنصحني ؟

Bi-ayy nabíd tansa-huní?

Estoy a régimen

أنا آكل ريجيم

Aná ákul reŷím

Tráiganos...

هات لنا ...

Hhát laná...

Quisiera comenzar con un consomé

بودي شربة أولا

Biwiddi shúrba awwalan

Después tomaré un bistec poco hecho

بعد ذلك ، بفتيك قليل الشي

Ba-aada dalik. Biftík qalílush-shay

Bastante, gracias

يكفي ، شكرا

Yakfí. Shukran

74

Sírvame más, por favor

أريد أكثر من فضلك

Jrid akzar min fadhlik

Sin salsa

بدون صلصة

Bidún salsa

Tráiganos agua mineral

هات لنا ماء معدني

Jhát laná má ma-aa-dani

La cuenta, por favor

من فضلك الحساب

Min fadhlik al-hisáb

¿Está inluido el servicio? (propina)

هل الخدمة محسوبة

Hhalil-jidma mahsúba?

TERMINOS DE COCINA

Cocido	Sofrito	Frito
مطبوخ	مقلي قليلا	مقلي
Matbúj	Maqlí qalílan	Maqlí
Braseado	**Asado**	**A la parrilla**
مدمس	مصلي	مشوي
Mudammas	Maslí	Mashwí
Crudo	**Muy poco hecho**	**Poco hecho**
ني	قليل الشي (الطبخ)	نصف سواء
Nayy	Qalílush-shay (At-tabaj)	Nisf sawá

75

Regular	Bien hecho	Al horno
شي عادي	مستوي	في الفرن
Shayy aá-dí	Mustawí	Fíl-furn

Guisado
مطبوخ
Matbúj

LISTA DE ALIMENTOS (condimentos)

Aceite	Vinagre	Mostaza
الزيت	الخل	الخردل
Azseit	Al-jal	Al-jardal

Sal	Pimienta negra	Pimienta roja
الملح	الفلفل الأسود	الفلفل الأحمر
Al-milah	Alfulfulul-Aswad	Alfulfulul-Ahmar

ESPECIALIDADES ARABES

حاتي Hátí	Restaurante especializado en carne de cordero a la brasa (Egipto).
فول وفلافل Fúl wa faláfil	Un tipo de bar (en Egipto) que sirve habas aderezadas y unas albóndigas a base de habas molidas = Faláfil.
باذنجان مخلل Bádinyán Mujallil	Berenjenas con hierbas aromáticas, ajos y especias.

76

طحينة *Ta-hína*	Granos de sésamo molidos, mezclados con especias (pasta) (buena con pescados).
بطارخ *Batárij*	Huevas de pescado rojas (caviar Egiptio).
حمص بالطحينة *Hommus Bit-ta-hína*	Pasta a base de garbanzos cocidos y molidos. Especiada.
ورق عنب محشي *Waraq i-inab Ma-hshí*	Hojas de parra rellenas con arroz y carne picada. Se toma frío o caliente.
جبن أبيض بالطماطم *Ɣaban abyadh bit-tamátim*	Queso blanco que se sirve con tomates, cebollas, perejil, aceite y limón. Se puede acompañar con salsa.
عجة *Ii-ŷŷa*	Tortilla hecha con cebollas, perejil y pimiento verde generalmente.
شكشوكة *Shakshúka*	Una especie de pisto parecido al español, pero al que se le añaden huevos enteros o revueltos (Norte de Africa).
طاجين *Tá-ŷin*	En Túnez se trata de una gran tortilla hecha a base de carne, judías blancas, queso y huevos, que se hace al horno (puede variar). En Marruecos es un guiso de carne.
سلاطة مشوية *Saláta Mashwiya*	Ensalada a la brasa, hecha a base de pimientos, tomates, cebollas y ajos.

77

تبولة
Tabbúle

Ensalada libanesa, con trigo partido y mucho perejil, aderezada con aceite y limón.

كباب سمك
Kabáb samak

Pinchos de pescado, alternando el pescado con trozos de tomate y pimiento verde.

سمك صيادية
Samak sayádiya

Pescado (en trozos) frito. Se acompaña con arroz aliñado con aceite.

كفتة
Kofta

Albóndigas de carne picada; algunas veces se encuentran aplastadas, pero más o menos son las mismas que las españolas.

شاورمة
Shá-wirma

Carne de cordero enrollado alrededor de un palo, formando un cuerpo con el mismo, que se asa a fuego lento y se corta en rajas para comerlo en bocadillo o en un plato con arroz.

مقلوبة
Maqlúba

Carne y berenjenas con arroz.

ملوخية
Mulújiya

Muy popular en Egipto. Un plato especiado, una sopa de verduras aderezada con ajos. Se hace con pollo o con carne. Se sirve con arroz.

بامية
Bámiya

Un vegetal sofrito con tomate. Se le puede añadir carne.

بقلاوة
Baqláwa

Un dulce a base de hojaldres, almendra molida y miel.

78

قهوة تركي
Qahhwa turkí

Café turco, llamado también café árabe. Es un café que se prepara en dosis individuales. En Túnez y en algunos otros lugares se añaden al mismo unas gotas de azahar.

شاي بنعناع
Sháy Bi-naa-naa

Té con hierba buena.

شيشة
Shísha
نارجيلة
Náryíla

Pipa de agua que se suele fumar en grupo.

سندوتش
Sandwich

Bocadillo, muchísimas variedades.

SOPAS Y PASTAS

Caldo
مرق
Maraq

Canelones
كانلوني
Kánelúni

Consomé
شوربة
Shúrba

Fideos
شعيرية
Shu-ayri-ya

Macarrones
معكرونة
Ma-akarúna

Puré
حساء مركز
Hisá Murakkazs

Ravioli
رفيولي
Raviúli

Sopa
شوربة
Shúrba

79

HUEVOS

Huevos
بيض
Baidh

Escalfados
مسلوق
Maslúq

Duros
مطبوخ
Matbúj

Pasados por agua
نمبرشت
(نصف طبخ)
Nambresht
(Nisf tabj)

Revueltos
بيض مخفوق
Baidh Majfúq

Tortilla
عجة (أمليت)
Uu-ŷŷa (omlít)

LEGUMBRES

Alubias
فاصوليا / لوبية
Fásóliyá /
Lúbiya

Espárrago
أسبرج / هليون
Asperŷ /
Hhilyún

Col
كرنب
Kurunb

Coliflor
قنبيط
Qanabít

Cebolla
بصل
Basal

Espinaca
سبانخ
Sabánij

Garbanzos
حمص
Homs

Habas
فول
Fúl

Judías verdes (vainas)
فاصولية خضراء
Fásóliyá
jadhra

Lechuga
خس
Jess

Lentejas
عدس
Aadas

Patatas
بطاطا
Batátá

Pepino
خيار
Jiyár

Rabanitos
فجل
Fuŷul

Setas
فطر
Fotr

80

Tomates
طماطم / بندورة
Tamátam /
Bandúra

Zanahoria
جزر
Yazsar

PESCADO Y MARISCOS

Almeja
بلح البحر
Bala-hul-
bahar

Anguila
حنكليس
Hankalís

Anchoa
أنشوبة
Anshúba

Atún
تونة

Túna

Bacalao
سمك القد / بكلا

Samakul-
qudd / Bacalá

Bacalao seco
سمك القد /
المجفف
Samakul-qudd
almuŷaffaf

Calamar
حبارة

Habbara

Camarón
جمبري

Yambarí

Langosta
جراد البحر /
كركند
Yarádul-bahar
Karakand

Langostino
(gamba)
اربيان كبير
Irbiyán kabír

Lenguado
سمك موسى
Samak Músá

Lubina
قاروس
Qárús

Mejillón
محار/ام الخلول
Mahár /
ummul-julúl

Merluza
نازلي
Názsalí

Mero
مارو
Mérú

81

Ostra	Percebe	Pescadilla
جندفلي / تراق	معار لصوق / لواشة	غبر
Yanduflí / Turáq	Mahár lasúq / Lawwaásha	Ghubar

Pulpo	Salmón	Salmón ahumado
أخطبوط	حوت سليمان	حوت سليمان مجفف
Ujtobút	Hút Suleimán	Hút Suleiman muŷaffaf

Salmonete	Sardina	Trucha
سلطان ابراهيم	سردين	تروتة
Soltán Ibráhhím	Serdín	Tarúta

CARNES Y CAZA

Asado de vaca	Becada	Bistec
لحم بقر مشوي	دجاجة أرض	بفتيك
Laham baqar mashwi	Daŷáŷat-ardh	Biftíc

Buey	Callos	Cerdo
عجل	كرشة	خنزير
Ii-ŷl	Kirsha	Jinzsír

Codorniz	Conejo	Cordero
سماني	أرنب	خروف
Sumáná	Arnab	Jarúf

Chuleta	Faisán	Gallina
كستيليتة	دراج	دجاجة
Kustílieta	Durráŷ	Daŷáŷa

82

Hígado	Ganso	Jamón
كبد	وز	جانبون
Kabid	*Wizs*	*Yánbún*

Lechón	Lengua	Liebre
خنزير صغير	لسان	أرنب بري
Jinzsír saghír	*Lisán*	*Arnab berrí*

Lomo de cerdo	Pato	Pavo
لحم ظهر الخنزير	بطة	ديك رومي
Laham Dhahh-ril-jinzsír	*Batta*	*Dík Rúmí*

Perdiz	Pichón	Pierna de cordero
حجل	حمام	فخذ الخروف (ضاني)
Hayal	*Hamám*	*Fajidul-jarúf (Dhání)*

Pollo	Riñones	Sesos
فراخ / دجاج	كلاوي	مخ
Dayáy / Firaj	*Kalá-wí*	*Mujj*

Solomillo	Ternera	
لحم عجالي (كندوس)	ضلعية	
Laham aa-yyálí (kendús)	*Dhil-ii-yya*	

FRUTAS Y POSTRES

Albaricoque	Almendra	Avellana
مشمش	لوز	أبو فروة
Mishmish	*Lúzs*	*Abú farwa*

Cereza	**Ciruela**	**Dátiles**
كرز	برقوق	تمر
Karazs	*Barqúq*	*Tamar*

Flan	**Fresa**	**Granada**
كريم كرمال	فراولة	رمان
Krím-caramel	*Faráwila*	*Rummán*

Grosella	**Helado**	**Higo**
كشمشة	مثلجة	تين
Kishmisha	*Muzal-laŷa*	*Tín*

Mandarina	**Mantequilla**	**Manzana**
يوسفندي	زبدة	تفاح
Yúsafandí	*Zsubda*	*Tuffáh*

Melocotón	**Melón**	**Membrillo**
خوخ (دراق)	بطيخ أصفر	سفرجل
Júj (Duráq)	*Battíj-asfar*	*Safarŷal*

Naranja	**Nuez**	**Pastel**
برتقال	جوز	قرص حلوى (كاتو)
Burtuqál	*Ŷawazs*	*Qors halwá (gató)*

Pera	**Piña**	**Plátano**
اجاص	أناناس	موز
Iŷŷás	*Ananás*	*Múzs*

Queso	**Tarta**	
جبن	كعكة / قالب كاتو	
Ŷaban	*Ka-aaka / qálib gató*	

BEBIDAS

Agua mineral
ماء معدني
Má ma-adaní

Anís
شراب، الأنيسون
Sharábul-Anísún

Café
قهوة
Qahhwa

Café con leche
قهوة بالحليب
Qahhwa bil-halíb

Cerveza
بيرة
Bírra

Coctel
ككتيل
Coctíl

Coñac
براندي / كنياك
Coñac/brandy

Champán
شمبانيا
Shampania

Chocolate
شوكولا
Shocolá

Ginebra
جين
(شراب العرعر)
Yín (sharábul-Ar-aar)

Leche
حليب / لبن
Laban/halíb

Limonada
شراب ليمون
Sharáb leymún

Jerez
شري
Sherry

Ron
روم (شراب قصب السكر)
Rúm (sharáb qasabus-sukkar)

Sidra
سيدر
(شراب التفاح)
Síder (sharábut-tuffáh)

Sifón
ثجاج
Táyáy

Vermut
فرموت
Fermút

Vino blanco
نبيذ أبيض
Nabíd Abyad

85

Vino tinto	Whisky	Zumo de naranja
نبيذ أحمر	ويسكي	عصير برتقال
Nabíd ahmar	*Wiski*	*Aa-sír burtuqál*

Zumo de limón

عصير ليمون

Aa-sír leymún

COMPRAS

¿Está seguro de que no va a sucumbir a la tentación de adquirir algún recuerdo o prenda útil? Pero además es más que probable que necesite comprar tabaco, desee revelar alguna fotografía o tenga que hacer algún regalo. Y en cualquiera de estos casos la GUÍA YALE resultará un inapreciable auxiliar para que usted pueda encontrar exactamente lo que desea.

PERFUMERIA

Crema limpiadora	Crema nutritiva	Leche de belleza
كريم للتنظيف	كريم مغذّي	كريم مجمّل
Krim lit-tandhíf	*Krim Mughaddí*	*Krim muŷammil*

Colonia	Rimmel	Lápiz para cejas
كولونيا	قلم مكحل (كحل)	قلم الحاجب
Culúniya	*Qalam mukahhil (kuhul)*	*Qalamul-háŷib*

Jabón de tocador	**Lápiz de labios**	**Perfilador de labios**
صابون معطر	قلم الشفايف	ملون الشفايف
Sábún mu-aat-tar	Qalamush-shafá-yef	Mulawwinush-shafá-yef

Maquillaje compacto	**Maquillaje crema**	**Maquillaje en polvo**
ماكياج متماسك	ماكياج كريم	ماكياج بودره
Mákiyáŷ nutamásik	Mákiyáŷ krím	Mákiyaŷ púdra

Polvos faciales	**Crema depilatoria**	**Desodorante**
بورده للوجه	كريم مزيل الشعر	مزيل رائحة العرق
Púdra lil-waŷahh	Krím muzsíl lish-sha-aar	Muzsíl rá-i-ha-tul-aaraq

Champú	**Pinzas depiladoras**	**Esmalte**
منظف / شامبو	ملقط شعر	ملمع الأظافر
Munad-dhif / shámpú	Milqat sha-aar	Mulammi-uul-adháfir

Quitaesmalte

مزيل لون الأظافر

Muzsil lawnil-adháfir

¿Podría aconsejarme una buena crema limpiadora?

هل تنصحني بكريم منظف ؟

¿Hhal tansa-huní bi-krím munad-dhif?

Tengo el cutis muy fino (graso, seco)

قشرتي ناعمة (دهنية ، ناشفة) جدا

Qishratí na-iima (duhhniya, náashifa) ŷiddan

88

Déme una leche de belleza que no sea grasienta

أعطني كريم مجمل ولكن دون أن يكون دهني

Aa-tiní krím muŷammil wa lakin dún an yakún duhhni

Enséñeme algún maquillaje

أرني ماكياج

Arini mákiyáŷ

¿En crema o compacto?

ماكياج كريم أو متماسك ؟

¿Mákiyáŷ krím aw mutamásak?

Este tono es demasiado oscuro (claro)

هذا اللون غامق (فاتح) جداً

Hhadal-lawn ghámiq (fátih) ŷiddan

Déme un depilatorio suave

أعطني مزيل شعر خفيف

Aa-tiní muzsíl sha-ar jafíf

¿Tiene algún desodorante eficaz?

هل عندك مزيل رائحة فعال (طيب) ؟

¿Hhal iindaka muzsíl rá-iha fa-ál (Tayyib)?

Un esmalte de uñas rosa (rojo)

طلاء أظافر وردي (أحمر)

Tilá adháfir wardí (Ahmar)

Quiero algo más discreto

أريد شيئًا محتشمًا

Uríd shay-an muh-tashim

Este perfume es demasiado fuerte. Prefiero agua de colonia

هذا العطر قوي جدا · أفضل كولونيا

Hhadal-iitr qáwiyy ŷiddan. Ufad-dhil kulúniyá

89

FARMACIA

Calmante
مهدىء
Muhhad-dí

Laxante
مسهل
Musah-hil

Esparadrapo
لصقة مشمعة
Lasqa musham-ma-aa

Alcohol
كحول
Kuhúl

Algodón en rama
قطن
Qotn

Desinfectante
منظف
Munad-dhif

Pastillas
أقراص
Aqrás

Jarabe
شراب ضد السعال
Sharáb dhid-das-su-aál

Píldoras
حبوب
Hubúb

Tos
سعال
Su-aál

Dolor de cabeza
صداع / ألم رأس
Alam ra-as/ Sodá-aa

Quemaduras de sol
حرق الشمس
Haraq ash-shams

Paños higiénicos
مناديل صحية
Manádíl sih-hiya

Receta
وصفة
Wasfa

Termómetro
ميزان حرارة
Mízsán haráro

Aspirina
أسبرين
Aspirín

Agua oxigenada
ماء الأكسجين
Má-ul-uksiyín

Cepillo de dientes
فرشة أسنان
Furshat asnán

90

Dentífrico	Brocha de afeitar	Hojas de afeitar
معجون أسنان	فرشة الحلاقة	أمواس الحلاقة
Ma-aŷún Asnán	Furshatul-hiláqa	Amwásul-hiláqa

Loción de afeitado	Acetona
مستحضر بعد الحلاقة	أسيتون (مذوب)
Mustah-dhar ba-adal-hiláqa	Asítún (Mudawwib)

Déme jarabe (pastillas) para la tos

أعطني شراب (أقراص) ضد السعال

A-atiní sharáb (Aqrás) dhid-das-su-aál

Sin antibióticos (sulfamidas). Soy alérgico

دون مضاد حيوي · عندي حساسية

Dún mudhád hayawí. Iindí hasásiya

¿Tiene algo contra el insomnio? Que no sean barbitúricos

هل عندك شيء ضد السهاد ؟ لا أريد منوم بربيتوري من فضلك

Hhal iindaka shey dhid-das-su-hhád? Lá-uríd munawwim barbitúri min fadhlik

¿Tiene píldoras para el dolor de muelas?

هل عندك حبوب لألم الأسنان

¿Hhal iindaka hubúb li-alamil-asnán?

Déme una crema contra las quemaduras del sol

أعطني مرهم لحروق الشمس

A-atiní marham li-hurúq-as-shams

Déme un buen lilimento

أعطني مرهم جيد

A-atiní marham ŷayyid

¿Quiere servirme esta receta?

من فضلك أعطني هذه الوصفة

Min fadhlik a-atiní hhadihhil-wasfa

Quiero unas pastillas contra el mareo

أريد أقراص ضد الدوخة

Uríd aqrás dhid-dad-dúja

FOTOGRAFIA

Máquina fotográfica
آلة تصوير
Álat-taswír

Objetivo
العدسة
Al-a-adasa

Disparador
الزر المطلق
Azsirrul-mutliq

Visor
المصوب
Almusawwib

Trípode
ركيزة
Rakízsa

Ampliación
تكبير الصورة
Takbírus-sóra

Película
فيلم
Film

Filtro
مخفف الضوْ
(فلتر)
Mujaffifud-dhaw (Filter)

Copia
صورة / نسخة
Sóra/Nusja

Enfoque
تركيز الصورة
Tarkízs Assóra

Tamaño
الحجم / القياس
Al-haŷam / Al-qiyás

Negativo
سلبية (نجتيف)
Salbiya (Negatív)

93

En color	**Blanco y negro**	**Funda**
ملونة	أسود وأبيض	غلاف
Mulawwana	Aswad wa abyadh	Ghiláf

Haga el favor de darme tres rollos de película

من فضلك أعطني ثلاثة أفلام

Min fadhlik a-atiní zaláza aflám

¿De qué tamaño, por favor?

أي قياس من فضلك ؟

¿Ayy qiyás min fadhlik?

Déme una película en color

أعطني فيلم ألوان

A-atiní film alwán

Lo siento, se nos acaban de terminar

متأسف ٠ لم يبق عندي

Muta-assif lam yabqá iindí

Sírvase revelar este rollo y saque dos copias de cada fotografía

من فضلك حمض هذا الفيلم ٠ أريد نسختين من كل صورة

Min fadhlik hammidh hhadal-film. Uríd nusjatán min kul súra

¿Puede ampliarme estas copias?

ممكن تكبر لي هذه النسخ ؟

¿Mumkin tukabbir lí hhadihhin-nusaj?

Quisiera comprar una máquina. ¿Qué marca me aconseja?

أريد شراء كاميرا ٠ بأي نوع تنصحني ؟

Uríd shirá cámera. ¿Bi-ayy nawa-a tansa-huní?

ALMACENES

Camisón
قميص نوم
Qamís nawm

Corbata
ربطة عنق
Rabtat u-unuq

Cremallera
سلسلة / سوستة
Silsila/Sústa

Faja
مخصر / مشد
Mujassir /
Mishadd

Falda
تنورة / جوب
Tannúra/ŷúp

Gafas de sol
نظارات شمسية
Nad-dhárát
shamsiya

Guantes
كفوف / قفاز
Kúfúf/qoffázs

Impermeable
معطف للمطر
Mi-itaf
lil-matar

Jersey
كنزة صوفية
Kanzsa sófiya

Liga
رباط الجوارب
النسائية
Ribátul-ŷawá-
rib an-nisá-iya

Medias
جوارب نسائية
طويلة
Ŷawárib
Nisá-i-ya
Tawíla

Pantalón
سروال / بنطلون
Sirwál/
Bantalún

Pañuelo
منديل / محرمة
Mindíl / Mih-
rama

Paraguas
مطرية
Mat-riya

Pendientes
أقراط
Aqrát

Pijama
منامة / بيجاما
Manáma /
Piŷáma

Pulsera
سوار / دملج
Su-wár/
Dumluŷ

Reloj
ساعة
Sá-aa

Sombrero
قبعة / مظلة
Qubba-a
Midhal-la

Sortija
خاتم
Játim

Sostén
حمالة نهدين
Hammálat
nahhdain

95

Traje (hombre)	Traje de baño	Vestido (mujer)
بدلة	بدلة السباحة	فستان
Badla	*Badlatus-sibá-ha*	*Fustán*

Algodón	Cuero	Encaje
قطن	جلد	تطريز / دنتلا
Qotn	*Yild*	*Tatrízs/ Dantil-lá*

Gamuza	Hilo	Lana
شموا	كتان	صوف
Shamuá	*Kattán*	*Sóf*

Nilón	Rayón	Seda
نايلون	حرير صناعي (رايون)	حرير
Ná-yelún	*Harír siná-ii (Rá-yún)*	*Harír*

Abrigo
معطف
Mi-itaf

Americana
جاكتة / سترة
Chaqueta/
Sutra

Boina
كسكيت
Kaskét

Calcetines
شراب / كلسات
Shuráb/cálsét

Calzoncillos
سروال داخلي
Sirwál dájili

Camisa
قميص
Qamis

Camiseta
صدرية
Sadriyya

Cinturón
حزام
Hizsám

Corbata
ربطة عنق
Rabtat-u-unug

Impermeable
واقي من المطر
Wáqi mindl-
matar

Jersey
كنزة صوفية
Kanzsa sófiya

Pantalón
سروال / بنطلون
Sirwál / Bantalún

97

Amarillo	Añil	Azul
أصفر	نيلي	أزرق
Asfar	*Níli*	*Azsraq*

Beige	Blanco	Gris
أسمر فاتح (بيج)	أبيض	رمادي
Asmar fátih (Beige)	*Abyadh*	*Ramádi*

Malva	Marrón	Morado
خبيزي	بني	بنفسجي
Jubbeizsí	*Bunní*	*Banafsaŷi*

Naranja	Negro	Rojo
برتقالي	أسود	أحمر
Burtuqálí	*Aswad*	*Ahmar*

Rosa	Verde	Claro
وردي	أخضر	فاتح
Wardí	*Ajdhar*	*Fá-tih*

Oscuro	Moreno	Rubio
غامق	كستنائي	أصفر ذهبي (أشقر)
Ghámiq	*Kastanná-i*	*Asfar dahhabí (Ashqar)*

¿Dónde está la sección de camisería?

أين قسم الأقمصة ؟

¿Ayna qismul-aqmisa?

En la planta baja

في الطابق السفلي

Fí attábikos-suflí

Quiero dos camisas de color

أريد قميصين ملونين

Uríd qamísain mulawwanain

¿De qué talla por favor?

من أي مقاس ؟

¿Min ayy maqás?

Las prefiero de popelín

أفضل الخز (بوبلين)

Ufad-dhil aljazs (poplín)

La falda es demasiado larga (corta)

التنورة طويلة (قصيرة) جدا

Attanúra tawíla (qasíra) ŷiddan

Pruébese esta talla mayor

قس هذا الحجم ٠ فهو أكبر

Qis hhadál-haŷm. Fahhua akbar

¿Encogen al lavar?

هل يتقلص عند الغسيل ؟

¿Hhal yataqualas iindal-ghasíl?

Enséñeme también corbatas y pañuelos

أرني أيضا ربطات عنق ومناديل

Aríni aydan rabatát u-unug wa manádíl

Estos son los últimos modelos que hemos recibido. Son inarrugables

هذه آخر موضة وصلتنا ٠ لا تتكمش

Hhadihhi ájir moda wasalatná lá tatakammash

Las quiero menos chillonas

لا أريد هذه الألوان الزاهية

Lá uríd hhadihhil alwánuzs-sáhhiya

¿Cuánto vale esto?

كم يسوى هذا ؟

¿Kam yaswá hhadá?

Es demasiado caro

غالي جدا

Gháli ŷiddan

¿Tiene algo más barato?

هل عندك ما أرخص ؟

¿Hhal iindaka má arjas?

¿Cuánto vale el metro de esta tela?

كم يسوى المتر من هذا القماش ؟

¿Kam yas-wá hhadál-qomásh?

¿Puedo probarme este abrigo?

هل يمكنني أن أقيس هذا المعطف ؟

¿Hhal yumkinuní an aqís hhadál-mi-itaf?

No me gusta este color

لا أحب هذا اللون

Lá uhibb hhadál-lawan

Los tenemos en todos los tonos

عندنا كل الصبغات

I-indaná kulas-sabghát

Quisiera esto en rosa

بودي هذا في اللون الوردي

Bi-widdí hhadá fíl-lawanal-wardí

¿Pueden enviarme este paquete al hotel...?

هل بإمكانكم أن ترسلوا هذا الى فندق ٠٠٠ ؟

¿Hhal bi-imkánikum an tursilú hhadá ilál-fundoq?

REGALOS

Cenicero	**Pitillera**	**Cartera**
طفاية سكائر	صندوق سكائر	حافظة نقود
Taffáyet sacá-ir	*Sondúq sacá-ir*	*Háfidhat nuqód*

Bolso	**Estatua**	**Disco**
حقيبة يد	تمثال	اسطوانة (ديسك)
Haqíbat yad	*Timzál*	*Istíwána (disc)*

Quisiera ver algunos regalos originales
بودي أرى هدايا مبتكرة (طريفة)
Bi-widdí ará hhadáyá mubtakara (Tarifa)

Estos bolsos son muy típicos
هذه الحقائب اليدوية أصلية (تقليدية)
Hhadihhil-haqá-ibul-yadawiya asliya (Taqlídiya)

Me gusta este cenicero de cuero repujado
تعجبني هذه المنفضة من الجلد المنقوش
Tu-uŷibuní hhadihhil-minfadha minal-ŷildil-man-qúsh

¿Podrían poner en él unas iniciales?
هل بإمكانكم نقش حروف بدائية عليه (حروف الاسم)
¿Hhal bi-imkánikum naqsha hurúf bidá-iya a-alay-hhi (Hurúful-Ism)?

¿No tiene algún objeto con el nombre de esta ciudad?
لا توجد عندكم أشياء عليها اسم هذه المدينة ؟
Lá tú-ŷad iindakum ash-yá a-alay-hhá Ism hhadi-hil-madína?

¿Cuánto cuesta esta figurita?
كم ثمن هذا التمثال ؟
¿Kam zamau hhadát-timzál?

Enséñeme algunos objetos de cerámica típicos

بودي أرى أشياء من الخزف التقليدي الأصلي

Bi-widdi ará ash-yá minal-jazsaf attaqlídí al-aslí

JUGUETES

Muñeca	**Mecano**	**Pelota**
دمية ، عروسة	لعبة ميكانيكية	كرة
Dumya, a-arúsa	*Lu-uba mikánikiya*	*Kura*

Patines	**Raquetas**	**Pila**
مزلج	مضرب كرة	بطارية
Mizslaŷ	*Midhrab kura*	*Battáriya*

Quiero un juguete para un niño de... años

أريد لعبة لطفل عمره ٠٠٠ سنة (سنوات)

Uríd lu-uba li-tifel u-umuruhhu... sana (sanawát)

Vea estas muñecas, no son demasiado caras

أنظر هذه الدمى ، ليست غالية جدا

Undhor hhadihhi addumá, laysat ghália ŷiddan

¿Qué vale este coche de pilas?

كم تسوى هذه السيارة الكهربائية ؟

¿Kam taswá hhadihhi assayáral-kahhrabá-iya?

Quiero algo más barato

أريد ما أرخص

Uríd má arjas

Creo que llevaré estos patines

أظن أنني سآخذ هذا المزلج

Adhonn annaní sa-ájud hhadál-mizslaŷ

102

¿Tiene la bondad de enseñarme algún juego instructivo?

هل بودك أن تتركني أرى لعب تعليمية ؟

¿Hhal bi-widdika an tatrukaní ará lu-ab ta-alímiya?

¿Es fácil manejar este juguete?

هل هذه اللعبة تسييرها بسيط ؟

¿Hhal hhadihhil-lu-uba tasyíruhhá basít?

¿Puede darme dos pilas de repuesto?

أعطني بطاريات اضافة

A-atiní battariyát idháfa

ZAPATERIA

Zapatos	Zapatillas	Ante
حذاء / صباط	شبشب / خف	جلد غزال
Hidá/Sabbát	*Juff/shibshib*	*Yild ghazsál*

Charol	Sandalias	Suela
برنق (جلد اصطناعي)	صندل	أرضية الصباط
Barnaq (yild Istiná-í)	*Sandal*	*Ardiyyatus-sabbát*

Tacón	Crepé	Goma
كعب	كريب	مطاط
Ka-ab	*Críp*	*Mattát*

Deseo un par de zapatos

بودي زوج حذاء

Bi-widdí zsaweŷ hidá

¿Cómo los quiere?

من أي نوع تريد ؟

¿Min ayy nawa-a turíd?

De color negro, blanco, combinados

أبيض وأسود مركب

Abyadh wa aswad murakkab

Con suela de goma, por favor

بأرضية من المطاط من فضلك

Bi-ardhiyya minal-mattát min fadhlik

Con tacón alto (bajo, delgado, grueso)

بكعب عالي (منخفض ، دقيق ، سميك)

Bika-ab a-álí (munjafidh, daqiq, samik)

¿Qué número calza?

ما هو قياسك ؟

¿Má hhua qi-yásuka?

¿Le va bien éste?

هل هذا القياس طيب ؟

¿Hhal hhadál-qiyás tayyeb?

Creo que me aprietan un poco

أظن أنه ضيق قليلا

Adhoun an-na-hhu dhayyiq qalílan

Pruébese este otro número

جرب هذا القياس

Yarrib hhadál-qiyás

Este me está bien

هذا قياسي

Hhadá qi-yá-sí

¿De qué precio son?

كم ثمنه ؟

¿Kam zamanu-hhu?

104

ESTANCO

Estanco
مكتب تبغ
Maktab tibegh

Tabaco
تبغ
Tibegh

Cerillas
وقيد / كبريت
Waqíd/kibrít

Rubio
تبغ خفيف
Tibegh jafíf

Negro
تبغ ثقيل
Tibegh Zaqíl

Emboquillado
مبسم
Mubassam

Papel de fumar
ورق تبغ
Waraq tibegh

Caja de puros
صندوق سيجار
Sondúq sigár

Paquete de cigarrillos
علبة سكائر
U-ulbat sacá-ir

Pipa
غليون
Ghul-yún

Petaca
باكو دخان
(كيس الدخان)
*Bacú duján
(Kísud-duján)*

Pitillera
صندوق لحمل السكائر
Sondúq liham-lis-sacá-ir

Boquilla
مبسم / فم سكائر
Mabsam/fam sacá-ir

Mechero
قداحة
Qaddáha

Gasolina
بنزين
Benzsín

Déme un paquete de emboquillado
أعطني علبة سكائر مبسمة
A-atiní u-ulbat sacá-ir mubassama

Déme también una caja de cerillas
أعطني أيضا علبة كبريت
A-atiní Aydhan u-ulbal kibrít

¿Puede enseñarme algunas pipas?
هل يمكنني أن أرى غليون ؟
Hhal yumkinuní an ará ghulyún?

Desearía una boquilla

بودى مبسم سكائر

Bi-widdí mabsam saká-ir

Enséñeme tarjetas postales

أرني بطاقات بريدية

Arini bitáqát barídiya

Piedras para el mechero, por favor

أحجار قداحة من فضلك

Ahýár qaddá-ha min fadhlik

¿Puede cargarme de gas este mechero?

هل تملأ لي هذه القداحة بالغاز ؟

Hhal tamla-u lí hhádihhil-qaddá-ha bil-gházs

LIBRERIA

Revista	Libro	Periódico
مجلة	كتاب	جريد / صحيفة
Maÿal-la	*Kitáb*	*Ýárida/sa-hifa*

Papel de cartas	Sobre	Tinta
ورق رسائل	ظرف	حبر
Waraq rasá-il	*Dharf*	*Hibr*

Bolígrafo	Novela	Guía
قلم جاف	قصة / رواية	دليل
Qalam ÿáff	*Qissa/Riwáya*	*Dalíl*

Mapa de carreteras	Plano de la ciudad	Tarjeta postal
خارطة طرقات	خريطة المدينة	بطاقة بريدية
Járitat-turuqát	*Jarítatul-ma-dina*	*Bitáqa barídiya*

Déme un periódico de la mañana (de la tarde)

أعطني صحيفة مسائية (صباحية)

A-atiní sa-hífa masá-i-ya (sabá-hi-ya)

¿Tienen periódicos españoles?

هل عندكم صحف اسبانية ؟

¿Hhal i-indakum so-hof Isbáni-ya?

Enséñeme algunas novelas policíacas

أريد أن أرى روايات بوليسية

Uríd an ará riwá-yát búlísi-ya

¿Puede proporcionarme una guía de la ciudad y un mapa de carreteras?

هل تعطني دليل المدينة وخارطة للطرقات ؟

¿Hhal tu-u-tíni dalílal-madína wa járita lit-turuqát?

Déme una revista ilustrada

أعطني مجلة

A-atiní maỳal-la

Me gustaría ver algunas postales

بودي أرى بطاقات بريدية

Bi-widdí an ará bitáqát barídi-ya

107

FLORES

Azucena	**Clavel**	**Gardenia**
سوسنة	قرنفل	غردينية
Sawsana	*Qurunful*	*Gardenia*

Jazmín	**Lirio**	**Mimosa**
ياسمين	زنبق	ميموزا
Yásmin	*Zsambaq*	*Mimosa*

Nardo	**Orquídea**	**Rosa**
ناردين / سنبل	سحلبية	وردة
الطيب	*So-h-labiyya*	*Warda*
Nárdin/		
Sunbulut-tíb		

Tulipán	**Violeta**
خزامى	بنفسج
Juzsámá	*Banafsaŷ*

Desearía encargar un ramo de flores

أريد باقة زهور

Uríd báqat zsu-hhúr

Se trata de un regalo y quiero que sea hermoso

انها هدية وأريدها من أجمل الباقات

In-nahhá hhadiyya wa urídu-hhá min aŷmalil-báqát

**Puede elegir entre rosas o claveles de varios co-
lores**

يمكنك الاختيار بين الورد والقرنفل من ألوان مختلفة

*Yumkinukal-ijti-yár baynal-ward wal-qurunful min
alwán mujtalifa*

¿Cuánto cuesta este ramo de nardos?

كم ثمن هذه الباقة من الناردين ؟

¿Kam zaman hhadi-hhil-baqá minan-nardín?

Prepararé un ramo en seguida

سأحضر لك باقة حالا

Sa-u-had-dhir laka baqá hálan

¿Pueden enviarlo mañana a esta dirección?

هل يمكنك أن ترسلها غدا الى هذا العنوان ؟

¿Hhal yumkinuka an tursila-hhá ghadan ilá hhadal-uunwán?

Envíe también esta tarjeta, por favor

من فضلك أرسل معها هذه البطاقة أيضا

Min fadhlik arsil ma-a-hhá hhadihhil-bitáqa aydhan

ESPECTACULOS

Si viaja por placer es lógico que trate de divertirse, si lo hace por negocios siempre le quedará alguna hora libre para amenizar su estancia en el extranjero. Algunas de las siguientes frases pueden ayudarle a desenvolverse en el cine, en el teatro, en una sala de fiestas...

CONCIERTOS

Música	Clásica	Jazz
الموسيقى	كلاسيكية	الجاز
Al-mú-si-qá	*Klási-ki-ya*	*Al-ýázs*

Opera	Orquesta	Taquilla
الأوبرا	الأركسترا	شباك التذاكر
Al-opéra	*Al-orkest-rá*	*Shubbákut-tadákir*

Guardaropa	Acomodador
صوان الملابس	الحاجب
Sowánul-nalábis	Al-há-ŷib

Déme dos palcos para el concierto de esta noche

أعطني مقصورتين للحفلة الموسيقية لهذه الليلة

A-a-tiní maqsúratain lil-haflal-músiqiya li-hhadihhil-layla

Lo lamento, sólo tengo butacas de platea

متأسف · عندي مقاعد سفلية فقط

Muta-assif. Iindi maqá-iid sufli-ya faqat

Un programa, por favor

أعطني البرنامج من فضلك

A-atiníl-barnámaŷ min fadhlik

¿Podría decirme qué ópera se representará el jueves?

أخبرني أي أوبرا ستعرض يوم الخميس القادم ؟

Ajbirní. ¿Ayy opera sa-tu-uradh yawmal-jamísil-qádim?

TEATRO

Vestíbulo	Escenario	Telón
الرواق	خشبة المسرح	الستار
Ar-riwáq	Jashabatul-masrah	As-sitár

Decorados	Bastidores	Apuntador
زينة (ديكور)	الكواليس	الملقن
Zsína (Dícór)	Al Kawalís	Almulaqqin

111

Actor	**Actriz**	**Comedia**
الممثل	الممثلة	كوميديا
Al mumazzil	Almumazzila	Comídiyá

Melodrama	**Acto**	**Entreacto**
مأساة	الفصل	الاستراحة
Ma-asát	Alfasl	Al-istirá-ha

Aplausos	**Silbidos**	**Vodevil**
التصفيق	التصفير	فودفيل
At-tasfíq	At-tasfír	Vódvíl

Por favor, dos butacas centrales
مقعدين في الوسط من فضلك
Maq-a-adein fil-wast min fadhlik

¿Le va bien la fila 18?
هل يسرك الصف رقم ١٨ ؟
¿Hhal yasurrukas-saf raqam zamantásh?

Demasiado lejos. Prefiero más cerca
بعيد جدا ٠ أفضل مكان أقرب
Ba-i-íd ŷiddan. Ufad-dhil makán aqrab

¿A qué hora comienza la función?
أي ساعة يبدأ العرض ؟
¿Ayy sá-aa yabda-ul-aardh?

¿Se trata de un drama o de una comedia?
هل تعرضون دراما أو كوميديا ؟
¿Hhal ta-aridhún dráma aw comídiyá?

¿Cuánto dura cada entreacto?
كم وقت كل استراحة ؟
¿Kam waqt kulis-tirá-ha?

Diez minutos. Pueden salir al vestíbulo o pasar al bar si lo desean

عشر دقائق · يمكنكم الخروج الى الرواق أو الى المشرب · كما تريدون

A-asher daqá-iq. Yumkinukumul-jurúÿ ilár-riwáq aw ilál-mashrab kamá turídún

CINE

Pantalla	Tecnicolor	Cinemascope
الشاشة	بالألوان	شاشة عريضة
Ash-shá-sha	Bil-alwán	Shá-sha A-arídha

Documental	Cartelera	Película
فيلم ثقافي	قائمة الأفلام المعروضة	فيلم
Film Zaqáfí	Qá-imatul-aflámil-ma-arúdha	Film

¿Qué película me recomienda para esta tarde?

أي فيلم تنصحني بمشاهدته هذا المساء ؟

¿Ayy film tansa-hu-ní bi-mushá-hhadatihhi hhadal-masá?

Me gustaría ver alguna película francesa

بودي أرى فيلم فرنسي

Bi-widdí ará film faransí

En el cine... dan una película de...

سينما ··· تعرض فيلم ···

Sínima... ta-aridh film...

Tiene un estreno en el cine...

يوجد حفل افتتاحي في سينما ···

Yúÿad hafl iftitá-hí fí sinimá...

113

Acomodador, ¿podría decirme si hay descanso?

يا حاجب قل لي هل هناك استراحة ؟

¿Yá háŷib qul-lí hhal hhunák istirá-ha?

Sí Señor, entre el documental y la película

نعم يا سيدي بعد الفيلم الثقافي

Na-am yá sa-yyidí ba-aadal film azaqáfí

¿Es bueno el documental?

هل الفيلم الثقافي جيد ؟

¿Hhal alfilmiz-zaqáfí ŷayyid?

SALAS DE FIESTAS

¿Puede recomendarme una sala de fiestas que no sea demasiado cara?

هل تنصحني بنادي ليلي رخيص ؟

¿Hhal tansa-huní bi-nádi laylí rajís?

Llévenos a una buena sala de fiestas

خذنا الى نادي ليلي ممتاز

Jud-ná ilá nádi laylí mumtázs

El traje de etiqueta es obligatorio

لباس المراسيم ضروري

Libásul-marásím dharúrí

Una mesa para dos, por favor

طاولة لاثنين من فضلك

Tá-wila li-iznein min fadhlik

¿A qué hora son las atracciones?

متى يبدأ العرض الفني ؟

¿Matá yabda-ul-a-ardhul-fanní?

¿Qué podemos tomar?

ماذا نتناول ؟

Máda nataná-wal

¿Quiere concederme este baile?

هل تسمحين وترقصين معي ؟

¿Hhal tasma-hín wa tarqusín ma-ii?

¿Están incluidas las consumiciones?

هل المشروبات محسوبة ؟

¿Hhalil-mashrúbát ma-h-súba?

¿Qué le debo?

كم أدفع ؟

¿Kam adfa-aa?

PLAYA

Balsa	Bote	Caseta
طوف	قارب	مقصورة
Tawf	*Qárib*	*Maqsóra*

Arena	Sombrilla	Ola
رمل	شمسية	موجة
Ramal	*Shamsi-yya*	*Mawŷa*

Deseo alquilar una caseta

اريد كراء مقصورة

Uríd kirá-a maqsóra

¿Hay duchas?

فيه دش ؟

¿Fi-hh dush?

¿Dónde puedo alquilar una canoa?

أين يمكنني كراء قارب ؟

¿Ayna yumkinuní kirá-a qárib?

115

¿Cuánto es?

كم الثمن ؟

¿Kamiz-zaman?

¿Es peligroso bañarse aquí?

هل السباحة هنا خطيرة ؟

¿Hhal assibá-ha hhuná jatíra?

Está prohibido alejarse de la orilla

ممنوع الابتعاد عن الشاطىء

Mamnú-uul-ibti-aád aanish-shátí

La bandera roja indica peligro

الاشارة الحمراء معناها خطر

Al-isháral-hamrá maanáhhá jatar

La arena está muy sucia

الرمل وسخ

Arramal wasij

¿Se puede jugar aquí?

ممكن نلعب هنا ؟

Mumkin nal-aab hhuná

No, hay una zona reservada para juegos

لا ، يوجد مكان خاص للألعاب

Lá, yúýad makán jáss lil-al-aáb

DEPORTES

Ajedrez	Alpinismo	Atletismo
الشطرنج	تسلق الجبال	ألعاب القوى
Ashatranŷ	Tasal-luqul-ŷibál	Al-aábul-quwá

Baloncesto	Billar	Boxeo
كرة السلة	بليـاردو	ملاكمة
Kuratus-sal-la	Bilyárdú	Mulákama

Esquí	Fútbol	Golf
التزحلق على الثلج	كرة القدم	غولف
Atazsa-h-luq aaláz-zalŷ	*Kuratul-qadam*	*Gólf*

Natación	Pesca	Tenis
سباحة	صيد السمك	تنس
Sibá-ha	*Saydus-samak*	*Tenis*

¿Hay algún partido de fútbol?
هل هناك مقابلة في كرة القدم ؟
¿Hhal hhunák muqábala fi kuratil-qadam?

¿Será fácil encontrar entradas?
الحصول على تذاكر سهل ؟
¿Al-hu-sól aalá tadákir sa-hal?

CAMPING

Terreno	Mapa	Piquete
مكان	خارطة	وتد
Makán	*Járita*	*Watad*

Cacerola	Tienda	Lámpara
طنجرة	خيمة	قنديل
Tanŷara	*Jaima*	*Qindíl*

Gas	Colchoneta de aire	Remolque
غاز	حشية هوائية	عربة / كرفان
Gházs	*Ha-shiyya hhawá-iyya*	*Aaraba/ Caravan*

Sacacorchos	Abrelatas	Enchufe
بريمة / مفتاح زجاجات	مفتاح علب	منشب كهربائي
Berríma/ Miftáh-zsuŷáyát	Miftáh-u-ulab	Minshab ka-hh-rabá-i

¿Pueden indicarme cuáles son los campings más próximos?

توجد معسكرات قريبة من هنا ؟

¿Túŷad mu-aaskarát qariba min hhuná?

¿Está en la playa? ¿En la montaña?

هل هو على الشاطىء ؟ هل هو في الجبل ؟

¿Hhua aalásh-sháti-i? ¿Hhua fíl-ŷabal?

¿Cuál es el precio de la acampada?, ¿por persona?

بكم التخييم ؟ بكم الشخص ؟

¿Bikamit-taj-yím? ¿Bikamish-shajs?

¿Cuánto paga el automóvil? ¿Y el remolque?

كم أدفع على السيارة ؟ وعلى العربة المقطورة ؟

¿Kam adfa-aa aalás-syára? ¿wa alál-aarabal-maq-tóra?

¿Hay tomas eléctricas?, ¿agua potable?

هل يوجد منشب كهربائي ؟ وماء صالح للشراب ؟

¿Hhal yú-ŷad minshab ka-hhrabá-i? ¿wa má sálih-lish-sharáb?

¿Dónde puedo hacer mis compras?

هل يوجد دكان في المعسكر ؟ أين اشتري أغراض ؟

¿Hhal yúŷad dukkán fíl-mu-aas-kar? ¿Ayna ashtarí aghrádh?

¿Podemos hacer fuego?

هل مسموح تشعيل النار ؟

¿Hhal masmúh tash-i-ílan-nár?

RELACIONES SOCIALES

Visitar un país y no tratar a sus habitantes es tanto como ojear una colección de tarjetas postales. Aproxímese a los árabes su natural cortesía será aún mayor si usted facilita el acercamiento hablándoles en su propio idioma.

CONVERSACION

Me llamo...

اسمي
···

Ismí...

¿Cómo está usted?

كيف حالك ؟

¿Kaifa hálek?

Mucho gusto en conocerle

تشرفنا

Tasharrafná

Le presento a mi esposa

هذه زوجتي

Hhadihhi zsawŷatí

119

Discúlpeme

اسمح لي

Ismah lí

No importa

لا يهم ···

Lá ya-hhum

¿Le gusta nuestra ciudad?

هل أعجبتك المدينة ؟

¿Hhal a-aŷabatkal-madína?

Me ha encantado

أعجبتني كثيرا

A-aŷabatní kacíran

¿Le puedo ayudar?

هل أساعدك ؟

¿Hhal usa-ii-duka?

¿Hasta cuándo se queda usted?

الى متى ستبقى هنا ؟

¿Ilá matá sa-tabqá hhuná?

Estaré tres días (una semana, un mes)

سأبقى ثلاثة أيام (أسبوع ، شهر)

Sa-abqá zalázat ayyám (usbú-u, sha-hhar)

¿En qué hotel está hospedado?

في أي فندق نزلت ؟

¿Fi ayy funduq nazsalt?

Estoy en el hotel...

انا موجود في فندق ···

Aná mawŷúd fí funduq...

¿Un cigarrillo?

هل تشرب سيكارة ؟

¿Hhal tashrab sícára?

Con mucho gusto

بكل سرور

Bi-kul surúr

Por favor

من فضلك

Min fadhlik

¿Desea tomar algo?

ماذا تشرب ؟

¿Mádá tashrab?

Gracias

شكرا · أحسنت

Shukran / A-h-sant

Sírvase Ud

تفضل بنفسك

Tafad-dhal binafsik

¡A su salud!

على صحتك

¡Aalá si-h-hatik!

Muchos recuerdos

أحر السلام

A-harrus-salám

Muchas felicidades

أجمل التهاني

A-ýmalut-ta-hháni

Felicidades

مبروك

Mabrúk

¡Felices Pascuas!

عيد ميلاد سعيد

¡I-id mílád sa-íd!

¡Feliz Año Nuevo!

كل سنة وأنتم بخير

¡Kul sana wa antum bi-jair!

Buena suerte

حظ سعيد

Hadh sa-íd

Lo siento

متأسف

Muta-assif

¿Quiere Ud. bailar?

هل ترقصين معي ؟

¿Hhal tarqusín ma-i?

¿Desea algo?

هل تحتاج الى شيء ؟

¿Hhal ta-h-táý ilá shei?

¿Juega Ud. al tenis?

هل تلعب تنس ؟

¿Hhal tal-aab tenis?

¿Le gusta nadar?

هل تحب السباحة ؟

¿Hhal tu-hibbus-sibá-ha?

¿Cuál es su dirección?

ما هو عنوانك ؟

¿Má hhua iinwánuk?

¿Su teléfono?

ما هو رقم تلفونك ؟

¿Má hhua raqm telefunak?

Siéntese, por favor

تفضل اجلس

Tafad-dhal iýlis

Nos hemos divertido mucho

لقد تسلينا ، كانت السهرة جيدة

Laqad tasal-layná / Kánatis-sahhra ŷayyida

¡Qué bonito!

ما أجمله !

¡Má aŷmala-hhu!

¡Esto es maravilloso!

ان هذا رائع

¡Inna hháda rá-i-ii!

Es muy triste

ان هذا محزن جدا !

¡Inna hháda mu-h-zsin ŷiddan!

¡Qué lástima!

يا للاسف !

¡Yá lil-a-saf!

Le escribiremos

سنكاتبك

Sa-nukátibuka

Estamos a su disposición

نحن في خدمتك

Na-h-nu fí jidmatika

No comprendo

لا أفهم شيئا

Lá af-hham shei-an

Hable Ud. más despacio, por favor

من فضلك لا تتكلم بسرعة

Min fadhlik lá tatakal-lam bi-sur-aa

Por favor, escríbamelo

هل تريد أن تكتب ذلك ؟

¿Hhal turíd an taktub dálik?

¿Habla Ud. francés?

هل تتكلم فرنسية ؟

¿Hhal tatakal-lam faransiya?

LA FAMILIA

Abuelo	Abuela	Abuelos (matrimonio)
الجد	الجدة	الأجداد
Al-ŷadd	Al-ŷadda	Al-aŷdád
Padre	**Madre**	**Padres (matrimonio)**
الأب	الأم	الوالدين
Al-ab	Al-umm	Al-wálidain
Marido	**Mujer**	**Esposos**
الزوج	الزوجة	الزوج والزوجة
Azsawŷ	Azsawŷa	Azsawŷ wazsawŷa
Hijo	**Hija**	**Hijos**
الابن	البنت	الأولاد
Al-ibn	Albint	Al-awlád
Nieto	**Nieta**	**Nietos**
الحفيد	الحفيدة	الأحفاد
Al-hafíd	Al-hafída	Al-a-h-fád
Tío	**Tía**	**Primo, a**
العم / الخال	العمة / الخالة	ولد العم / بنت العم
		ولد الخال / بنت الخال
Al-aamm/ Al-jál	Al-aamma/ Al-jála	Waladul-amm/ Bintul-aamm Waladul-jál/ Bintul-jál

124

125

Sobrino	Sobrina	Novio
ابن الأخ / ابن الأخت	بنت الأخ / بنت الأخت	الخطيب
Ibnul-ajj	Bintul-ajj	Al-jatíb
Ibnul-ujt	Bintul-ujt	

Novia	Amigo	Hermano
الخطيبة	الصديق	الأخ
Al-jatíba	As-sadíq	Al-aj

Hermana
الأخت
Al-ujt

LA HORA

Hora	Minuto	Segundo
ساعة	دقيقة	ثانية
Sá-a	Daqíqa	Zániya

Reloj de pared	Reloj de pulsera	Atrasa
ساعة حائط	ساعة يد	تتأخر
Sá-at há-it	Sá-at yad	Tata-ajjar

Adelanta	Media hora	Cuarto de hora
تتقدم	نصف ساعة	ربع ساعة
Tataqad-dam	Nisf sá-a	Rubu-u sá-a

Mediodía	Medianoche	Mañana
نصف النهار	نصف الليل	الصباح
Nisfun-na-hhár	Nisful-lail	As-sabá-h

Tarde	Tarde	Noche
بعد الظهر	المساء	الليل
Ba-adad-dhu-hhr	Almasá	Al-lail

¿Qué hora es?	Son las cinco
كم الساعة ؟	الساعة الخامسة
¿Kamis-sá-a?	As-sá-al-jámisa

Las tres y diez
الساعة الثالثة وعشرة
As-sá-az-záliza wa aashara

Las dos y cuarto
الساعة الثانية والربع
As-sá-aa-zániya war-rubu-u

Las seis y media
الساعة ستة والنصف
As-sá-a sitta wan-nisf

Las diez menos cuarto
الساعة العاشرة الا الربع
As-sá-al-áshira il-lá rubu-u

Mi reloj se atrasa
ساعتي تتأخر
Sá-atí tata-ajjar

Mi reloj se adelanta
ساعتي تتقدم
Sá-atí tataqad-dam

Es demasiado pronto
مبكر جدا ، قبل الأوان
Mubakkir ŷiddan / qablal-awán

127

Es demasiado tarde

متأخر جدا ، بعد فوات الأوان

Muta-ajjir yiddan / Ba-ad fawátil-awán

Es hora de ir a la cama

حان وقت النوم

Hána waqtun-nawm

Es hora de levantarse

حان وقت النهوض من النوم

Hána waqtun-nuhhúdh minan-nawm

¿A qué hora le espero?

أي ساعة انتظرك ؟

¿Ayy sá-a antadhiruk?

CALENDARIO

Día	Semana	Mes
يوم	أسبوع	شهر
Yawm	*Usbú-u*	*Sha-hhr*
Año	**Siglo**	**Hoy**
سنة / عام	قرن	اليوم
Sana/a-ám	*Qarn*	*Al-yawm*
Ayer	**Mañana**	**Anteayer**
أمس	غدا / بكرة	أول أمس
Ams	*Ghadan/Bukra*	*Awwal ams*
Año bisiesto	**Semanal**	**Año Nuevo**
سنة كبيسة	أسبوعي	السنة الجديدة
Sana kabísa	*Usbú-i*	*Assanal-ŷadida*
Viernes Santo	**Pascua**	**Pentecostés**
الجمعة العظيمة / جمعة الآلام	عيد الفصح / عيد القيامة	عيد الخمسين العنصرة
Al-ŷumu-al-adhíma/ ŷumu-atul-álám	*Idul-fisah/ idul-qiyám*	*Idul-jamsín/ Al-ansara*
Navidad	**Día festivo**	
عيد ميلاد المسيح	يوم عطلة	
I-id Miládul-masí-h	*Yawm uutla*	

129

Lunes	الاثنين	Al-iznín
Martes	الثلاثاء	A-zulázá
Miércoles	الأربعاء	Al-arba-á
Jueves	الخميس	Al-jamís
Viernes	الجمعة	Al-ŷumu-a
Sábado	السبت	As-sabt
Domingo	الأحد	Al-a-had

Enero	يناير (كانون الثاني)	Yaná-yer Kánúnaz-zání
Febrero	فبراير (شباط)	Febrá-yer (Shubbát)
Marzo	مارس (آذار)	Márs (Adár)
Abril	أبريل (نيسان)	Abríl (Nísán)
Mayo	مايو (أيار)	Máyo (Ayár)
Junio	يونيو (حزيران)	Yún-yú (Huzsayrán)
Julio	يوليو (تموز)	Yúl-yú (Tammúzs)
Agosto	أعسطس (آب)	Aghostos (Ab)
Septiembre	سبتمبر (أيلول)	September (Aylúl)
Octubre	أكتوبر (تشرين الأول)	Uktúber (Tashrínul-Awwal)
Noviembre	نوفمبر (تشرين الثاني)	November (Tashrínaz-Zání)
Diciembre	ديسمبر (كانون الأول)	Disember (Kánúnul-Awwal)

Primavera	الربيع	Ar-rabí-i
Verano	الصيف	As-sayf
Otoño	الخريف	Al-jarif
Invierno	الشتاء	Ash shitá

¿Qué día es hoy?

ما هو اليوم ؟

¿Má hhual-yawm?

El lunes pasado

الاثنين: الماضي

Al-izninal-mádhi

El jueves próximo

الخميس القادم

Al-jamísal-qádim

1 de Marzo

أول مارس

Awwal Adhar

15 de Mayo

يوم ١٥ مايو

Yawm jamastásh Ayár

En los países árabes se utilizan dos calendarios: el Gregoriano, que se utiliza para todo tipo de actividades diarias, y el calendario musulmán, que fechará periódicos, documentos... El calendario musulmán se basa sobre la Héjira como fecha inicial y luego es un calendario lunar que tiene 12 meses de 29 ó 30 días.

Los meses musulmanes son:

Árabe	Transcripción
محرم	*Moharram*
صفر	*Safar*
ربيع الأول	*Rabí-ul-awwal*
ربيع الثاني	*Rabí-uz-záni*
جمادى الأولى	*Ɏumádal-úlá*
جمادى الثانية	*Ɏumádaz-záni-ya*
رجب	*Raɏab*
شعبان	*Sha-abán*
رمضان	*Ramadhán*
شوال	*Shawwál*
ذو القعدة	*Dúl-qi-ida*
ذو الحجة	*Dúl hi-ɏɏa*

Fiestas musulmanas más importantes:

Primero de Moharram
  Año Nuevo musulmán

el 12 de Rabii al-awwal
  Nacimiento del Profeta

del 1 al 3 de Shawwal
  Festejo del fin del Ramadán (mes del ayuno).
  Se llama esta fiesta (Id el-Fitr).

del 9 al 13 de Dul hiɏɏa
  Fiesta del sacrificio. Conmemoración del céle-
  bre gesto de Abraham para sacrificar a uno de
  sus hijos. Se mata por lo general un animal en
  cada familia. Es la época del peregrinaje a la
  Meca.   Se llama esta fiesta (Id el-adhha).

132

PELUQUERIA

Peluquero
الحلاق
Al-hal-láq

Tijeras
المقص
Al-miqass

Cepillo
فرشاة
Furshát

Teñido
صبغ
Sabagh

Loción
لسيون
Losion

Masaje
تدليك
Tadlík

Secador
منشفا (سشوار)
*Munashifa/
Seshoár*

Permanente
تموج دائم
*Tamawwuý
dá-im*

Afeitar
حلاقة الذقن
*Hiláqatud-
diqn*

**Lavado de
cabeza**
غسل شعر
Ghasl sha-ar

Peinado
تسريح
Tasrí-h

Corte
قص
Qass

Manicura
تسوية وصبغ
الأظافر (مانيكير)
*Taswiyat wa
sabaghul-
adáfir
(Manikír)*

Flequillo
فرانجة من الأمام
قصة
*Faránya
minal-amám*

Raya
مفرق الشعر
*Mafraqush-
sha-ar*

133

SEÑORAS

¿Dónde hay una peluquería?

أين يوجد صالون حلاقة ؟

¿Ayna yúyad sálún hiláqa?

Lavar y peinar, por favor

غسل وتسريح من فضلك

Ghasal wa tasrí-h min fadhlik

¿Le corto un poco?

أقص قليلا ؟

A-quss qalílan

No me deje muy corto de arriba (de los costados)

لا تقص كثيرا من أعلى (من الجانبين)

Lá taquss cacíran min a-alá (minal-yánibain)

¿Cómo quiere que le peine?

أي تسريحة تريدين ؟

¿Ayy tasrí-ha turidín?

Todo hacia atrás, sin raya

كل الشعر الى الوراء ، دون مفرق

Kulush-sha-ar ilál-wará. Dún mafraq

Con la raya un poco más alta

أريد المفرق أعلى قليلا

Urídul-mafraq aalá qalílan

Como a Ud. le parezca

كما تريد (كما يحلو لك)

Kamá turíd (Kamá ya-hlú lak)

¿Podría teñirme el pelo?

هل يمكنك أن تصبغ لي شعري ؟

¿Hhal yumkinuka an tasbagh lí sha-arí?

134

¿Desea el mismo color?

هل تريد نفس اللون ؟

¿Hhal turíd nafsal-lawan?

Un poco más oscuro (claro)

أغمق (أفتح) من هذا بقليل

Aghmaq (Afta-h) min hhadá biqalíl

El agua está demasiado fría (caliente)

الماء بارد (حار ، سخن) جدا

Al-má bárid (Hár/sajin) yiddan

Deseo una manicura

أريد تسوية أظافري وطليها (مانيكير)

Uríd taswiyat adháfirí wa talya-hhá (manikir)

Déme el periódico (una revista), por favor

أعطني الصحيفة (مجلة) من فضلك

A-atinís-sa-hí-fa (mayal-la) min fadhlik

CABALLEROS

Un corte de pelo y un afeitado

قص الشعر وحلق الذقن

Qas-su-sh-sha-ar wa halqud-dhiqn

No demasiado corto

لا أريده قصير جدا

Lá uridu-hhu qasír yiddan

Corte más de atrás

قصر أكثر من الخلف

Qassir aczar minal-jalf

135

¿Dónde quiere que le haga la raya?

أين تريد المفرق ؟

¿Ayna turídul-mafraq?

Al lado izquierdo (derecho)

على اليسار (على اليمين)

A-alál-yasár (A-alál-yamín)

No me afeite a contrapelo

لا تحلق بعكس اتجاه الشعر

Lá ta-h-laq bi-aaks ittiyáhh asha-ar

¿Qué le debo por todo?

كم الحساب للكل

Kamil-hisáb lilkul

136

EL MEDICO

Deseamos que usted no tenga nunca necesidad de recurrir a este apartado. Pero si una molestia o indisposición pasajera amenazan con amargarle su viaje, no dude en utilizarlo para solventar cuanto antes su problema.

Doctor	Enfermo	Fiebre
الطبيب / الدكتور	المريض	حرارة
At-tabíb/	*Al-marídh*	*Harára*
Ad-duktúr		

Dolor	Escalofríos	Corte
ألم	رعشة	قطع
Alam	*Ra-asha*	*Qa-ta-a*

Contusión	Quemadura	Herida
كدمة	حرق	جرح
Kadma	*Harq*	*Ŷar-h*

137

Resfriado	**Indigestión**	**Náuseas**
زكام	سوء هضم	غثيان
Zsukám	*Sú-u- Hhadhm*	*Gha-za-yán*

Estoy enfermo
أنا مريض
Aná marídh

Llame a un médico, por favor
أطلب الطبيب من فضلك
Otlubat-tabíb min fadhlik

¿Dónde le duele?
أين الألم
¿Aynal-alam?

Me duele aquí
يؤلمني هنا
Yu-ulimuní hhuná

En la cabeza, en el pecho
يؤلمني رأسي ، يؤلمني صدري
Yu-ulimuní ra-así / yu-ulimuní sadrí

Tengo fiebre
عندي حرارة
Ii-ndi harára

Estoy muy resfriado
أنا مزكوم جدا
Aná mazskúm yiddan

Me duele el estómago después de la comida
تؤلمني معدتي بعد الأكل
Tu-ulimuní ma-i-datí baadal-akl

Quítese la ropa, por favor
انزع ثيابك من فضلك
Inzsa-a ciyábak min fadhlik

¿Ha tenido enfermedades graves?

هل مرضت في السابق ؟

¿Hhal maradhta fís-sábiq?

Soy alérgico, diabético

عندي حساسية ، عندي مرض السكر

Iindí hasá-siya / Iindi maradhus-sukar

Respire, expire, tosa, saque la lengua

تنفس ، انفخ ، اسعل ، أخرج لسانك

Tanaffas, infaj, is-aal, ajriɣ lisának

Ya basta

يكفي

Yak-fí

¿Desde cuándo está Ud. enfermo?

منذ متى وأنت مريض ؟

¿Mundu matá wa anta maridh?

Hace dos días

منذ يومين

Mundu yawmain

¿Es grave? ¿Está roto?, ¿torcido?

هل يوجد خطر ؟ هل هو مكسور ؟ هل هو ملتوي ؟

¿Hhal yúɣad jatar? / ¿Hhal hhua maksúr? ¿Hhal hhua multawí?

Debe quedarse en cama dos o tres días

يجب أن تبقى في السرير يومين أو ثلاثة

Yaɣib an tabqá fís-sarír yawmain aw zaláza

Voy a recetarle inyecciones

سأصف لك حقنات

Sa-asif laka huqunát

Tome estas pastillas, una cada tres horas

خذ من هذه الأقراص ، واحد كل ثلاث ساعات

Jud min hhadihhil-aqrás wá-hid kul zaláz sá-aát

EL DENTISTA

¿Dónde puedo encontrar un dentista?

أين أجد طبيب أسنان ؟

¿Ayna aŷid tabib asnán?

Me duele este diente, esta muela

عندي ألم في هذا السن • هذا الضرس

Iindi alam fí hhádas-sinn. Hhádad-dhars

Será preciso sacarla

يجب تقليعه

Yaŷib taqlí-uhhu

No me la saque. Si es posible déme un calmante

اتركه • وأعطني مسكن

Utruk-hhu wa aatiní musakkin

Se le ha caído el empaste

حشو السن سقط

Ha-shwus-sinn saqata

¿Puede empastármelo en seguida?

بامكانك حشوه مرة أخرى ؟

Bi-imkánika hash-wu-hhu marra ujrá

EL CUERPO HUMANO

Cabeza	**Oreja**	**Ojo**
الرأس	الأذن	العين
Ar-ra-as	*Al-udun*	*Al-ain*
Nariz	**Boca**	**Ceja**
الأنف	الفم	الحاجب
Al-anf	*Al-fam*	*Al-há-ŷib*
Pestañas	**Párpados**	**Cuello**
الأهداب	الجفون	الرقبة
Al-ahh-dáb	*Al-ŷufún*	*Ar-raqaba*
Garganta	**Hombro**	**Brazo**
الحلق	الكتف	الذراع
Al-halq	*Al-katif*	*Ad-dirá*
Codo	**Antebrazo**	**Mano**
المرفق	الساعد	اليد
Al-mirfaq	*As-sá-iid*	*Al-yad*
Dedo	**Uña**	**Cadera**
الأصبع	الظفر	الردف
Al-asba-a	*Ad-dhufur*	*Ar-radif*
Muslo	**Rodilla**	**Pierna**
العضلة	الركبة	الساق
Al-adhala	*Ar-rukba*	*As-sáq*
Muñeca	**Pie**	**Pies**
المعصم	القدم	الأقدام
Al-mi-isam	*Al-qadam*	*Al-aqdám*
Pulmón	**Corazón**	**Estómago**
الرئة	القلب	المعدة
Ar-ri-a	*Al-qalb*	*Al-ma-ii-da*
Hígado	**Riñones**	**Tobillo**
الكبد	الكلية	الكعب
		Alkaáb
Al-kabid	*Al-kul-ya*	

TELEFONO

No se asuste. Tal vez usted necesite telefonear a una persona que conoce el español, pero antes ha de cruzar una pequeña barrera: la secretaria, la doncella... alguien, en fin, con quien tenga que ensayar sus dotes lingüísticas. Repase este pequeño apartado y se encontrará en la mejor situación para superar tales dificultades.

Quiero telefonear a...

أريد مكالمة مع ···

Uríd mukálama ma-a...

Señorita, póngame con...

يا (آنسة) أعطني ···

Yá (Ánisa) a-atíni...

La línea está ocupada

الخط مشغول

Al-jatt mash-ghúl

No contestan

لا يجيب

Lá yu-ŷíb

Se ha equivocado

لقد غلطت في الرقم

Laqad ghalat-ta fír-raqam

Vuelva a llamar

حاول من جديد

Háwil min ŷadíd

¿Con quién hablo?

من يتكلم ؟

¿Man yatakal-lam?

Soy el Sr... quisiera hablar con el Sr...

انا ٠٠٠ وأريد التحدث الى ٠٠٠

Aná... wa urídut-ta-haduz ilá...

No cuelgue

لا تغلق الخط

Lá taghliqil-jatt

Ha salido

خرج

Jaraŷa

¿A qué hora volverá?

متى يرجع ؟

¿Matá yarŷi-uu?

¿A qué número puedo llamarle?

على أي نمرة أطلبه ؟

¿Aalá ayy namra atlubu-hhu?

Marque el número...

أطلب النمرة ٠٠٠

Otlubin-namra...

¿Quiere Ud. tomar un recado?

هل يمكنك أن تكتب هذه الرسالة ؟

¿Hhal yumkinuka an taktub hhadihhir-risála?

143

Dígale que ha llamado el Sr...

أخبره أن السيد ٠٠٠ طلبه

Ajbir-hhu annas-sayed... talaba-hhu

Dígale que me llame al número...

قل له أن يكلمني على الرقم ٠٠٠

Qul lahhu an yukal-limaní aalár-raqam...

Estaré en la ciudad hasta el sábado

سأكون هنا الى يوم السبت

Sa-akún hhuná ilá yawmis-sabat

CORREOS

Carta	Sello	Buzón
رسالة / خطاب	طابع	صندوق بريد
Risála/Jitáb	*Tábii*	*Sondúq Barid*

Tarjeta postal	Lista de correos	Papeles de negocios
بطاقة بريدية	مكتب تسليم الخطابات	أوراق رسمية
Bitáqa Barídiya	*Maktab taslímil-jitábát*	*Awráq rasmiyya*

Correos	Telegrama	Ventanilla
مكتب البريد	برقية	شباك
Maktabul-baríd	*Barqiyya*	*Shubbák*

Urgente	Paquete postal	Palabra
البريد المستعجل	طرد بريدي	كلمة
Albarídul-musta-aȳil	*Tard barídi*	*Kalima*

144

Dirección	Sobretasa	Sobre
عنوان	ضريبة	ظرف
Iin-wán	Dharíba	Dharf

Lacre
الشمع الأحمر
Ash-shama-al-
ahmar

¿Para ir a Correos, por favor?
كيف أذهب الى مكتب البريد ، من فضلك ؟
¿Kaifa ad-hhab ilá maktabil-baríd min fadhlik?

Franquee esta carta
أرسل هذا الخطاب
Arsil hhadal-jitáb

¿Cuál es el franqueo de una carta certificada?
ما هو ثمن الرسالة المسجلة ؟
¿Má hhua zamanur-risálal-musaŷ-ŷala?

¿Cuál es el franqueo para España?
ما ثمن الرسائل الى اسبانيا ؟
¿Má zamanur-rasá-il ilá Isbánia?

¿Y el franqueo por avión?
وبالبريد الجوي ؟
¿Wa bil-barídal-ŷawwí?

Sírvase certificar esta carta
من فضلك أريد تسجيل هذه الرسالة
Min fadhlik urid tas-ŷil hhadihhir-risála

Sírvase lacrar esta carta
أريد ختم هذه الرسالة بالشمع الأحمر
Uríd jatem hhadihhir-risála bish-shama-il-ahmar

145

¿Dónde está el servicio de Telégrafos?

أين قسم البرقيات ؟

¿Ayna qismul-barqi-yát?

¿Cuánto cuesta cada palabra?

بكم الكلمة ؟

¿Bikamil-kalima?

Quiero enviar este paquete postal

أريد ارسال هذا الطرد البريدي

Uríd irsál hhadat-tardel-barídi

¿Desea Ud. asegurarlo?, ¿certificarlo?

كيف تريده : مضمون ؟ مسجل ؟

¿Kaifa turídu-hhu? ¿Madhmún? ¿Musaŷ-ŷal?

¿Hay carta para mí en la lista de correos?

هل عندي رسائل في البريد المحفوظ ؟

¿Hhal iindí rasá-il fíl-barídil-ma-h-fúdh?

¿Qué documentos necesito para retirar un paquete postal?

أي وثائق مطلوبة لأتسلم طرد بريدي ؟

¿Ayy wazá-iq matlúba li-a-tasal-lam tard barídi?

Basta con su pasaporte

جواز سفرك كافي

Ŷawázsu-safarika káfi

146

BANCO

Por favor, ¿para cambiar moneda?

من فضلك ، أين مكتب تبديل الفلوس ؟

¿Min fadhlik ayna maktab tabdílul-fulús?

Ventanilla número...

الشباك رقم ٠٠٠

Ash-shubák raqam...

¿Cuál es el cambio de la peseta?

ما هو سعر تحويل البستة ؟

¿Má hhua si-ir ta-h-wílil-peseta?

Sus documentos, por favor

أوراق الهوية من فضلك

Awráqul-hhawiyya min fadhlik

Firme aquí

وقع هنا

Waq-qii hhuná

¿Puede cambiarme este cheque de viaje?

ممكن تحويل «شيك سفر» ؟

¿Mumkin ta-h-wíl «shik safar»?

Por favor, déme moneda fraccionaria

من فضلك أعطني نقود صغيرة (فكة)

Min fadhlik a-atiní nuqúd saghira (Fakka)

¿Podría decirme si han recibido una transferencia de...?

أريد أن أعرف هل وصلني تحويل فلوس من ···

¿Uríd an a-arif hhal wasalaní ta-h-wíl fulús min...?

A nombre de...

باسم ···

Bism...

Aún no, señor

لم يصل بعد يا سيدي

Lam yasil ba-adu yá sayyidí

¿Puedo cobrar este cheque al portador?

هل تصرف هذا الشيك لحامله ؟

¿Hhal tasrif hhadash-shík li-há-mili-hhi?

No aceptamos cheques de particulares

لا نقبل شيكات خاصة

Lá naqbal shíkát jássa

Pase a caja, por favor

تفضل الى صندوق الدفع

Tafad-dhal ilá sondúqid-dafa-a

Déme billetes pequeños

أعطني أوراق نقدية من الفئة الصغيرة

A-atiní awráq naqdiyya minal-fi-as-saghíra

OFICINAS PUBLICAS

Parlamento
برلمان / مجلس الأمة
Barlamán/ Maŷlisul-umma

Juzgado
محكمة
Ma-h-kama

Diputación
المجلس الاقليمي
Al-maŷlisul-Iqlími

Ministerio
وزارة
Wazsára

Comisaría
مركز الشرطة
Markazsush-shuurta

Catedral
كاتدرائية
Kátidrá-i-ya

Alcaldía
دار البلدية
Dárul-baladiya

Capilla
كنيسة صغيرة
Kanísa saghíra

Palacio
قصر
Qasar

Iglesia
كنيسة
Kanísa

Obispado
الأسقفية
Al-usqufi-ya

Museo de Bellas Artes
متحف الفنون الجميلة
Mat-haful-funúnil-ŷamíla

Castillo
قلعة
Qal-a

Correos
مكتب البريد
Maktabul-baríd

Mezquita
مسجد
جامع
Masŷid
Ŷámii

Bolsa
السوق المالية / البورصة
As-suqul-máliya/ Al-bórsa

Cámara de Comercio
الغرفة التجارية
Al-ghurfat-tiŷária

Las Pirámides
الأهرام
Al-a-hh-rám

Pirámide
هرم
Hharam

Tumba
القبر
Al-qabr

Esfinge
أبو الهول
Abúl-hhawl

Murallas
سور المدينة
Súrúl-madína

Catacumbas
سراديب الأموات
Sarádibul-amwát

Centro Ciudad
وسط المدينة
Wasatul-madína

Entrada gratuita
الدخول مجاني
Ad-dujúl maŷání

Museo
متحف
Mat-haf

Jardín
حديقة
Hadíqa

DICCIONARIO ESPAÑOL - ARABE

Español	العربية	Transcripción
Abajo	تحت	Tahta
Abanico	مروحة	Miruaha
Abogado	محامي	Muhámi
Abierto	مفتوح	Maftúh
Abrelatas	مفتاح علب	Miftáh-uulab
Abrigo	معطف	Mi-itaf
Abrir	فتح	Fata-ha
Absolutamente	مطلقا	Mutlaqán
Absoluto	مطلق	Mútlaq
Acabar	أكمل	Acmala
Academia	مجمع ـ أكاديميا	Maýmaa/ Academia
Acampar	خيم	Jayyama
Aceite	زيت	Zseit
Aceituna	زيتونة	Zseitúna
Acento	نبرة	Nabra
Aceptar	قبل	Qabila
Acera	رصيف الشارع	Rasifashárii
Acomodador	حاجب	Há-ŷib
Acompañar	رافق	Ráfaqa
Acostarse	رقد	Raqada
Acostumbrado	متعود	Muta-awwid
Activo	نشيط	Nashít
Actor	ممثل	Mumazzil
Adjetivo	صفة	Sifa
Admiración	تعجب	Ta-aŷŷub
Admitir	قبل	Qabila
Adorable	محبوب	Mah-búb
Aduanero	جمركي	Gumruquí
Afectuoso	ودود	Wadúd

151

Afeitar	حلق	Halaqa
Aficionado	هاوي ٥	Muta-hammis
Afortunada-		Hhawi
mente	لحسن الحظ	Lihusnil hadh
Agente	عامل	Aámil
Agradable	مفرح	Mufrih
Agradecer	شكر	Shacara
Agrio	حامض	Hámidh
Agua	ماء	Má
Agudo	حاد	Hád
Aguja	ابرة	Ibra
Agujero	ثقب	Zaqab
Ahogarse	غرق	Ghariqa
Ahora	الآن	Al-án
Aire	هواء	Hhawá
Ajo	ثوم	Zúm
Alambre	سلك	Silk
Alarma	انذار بالخطر	Indhár-bil-jatar
Alcalde	رئيس بلدية	Ra-íselbaladiya
Alcanzar	أدرك	Adraca
Alcoba	غرفة نوم	Ghurfatunnawm
Alcohol	كحول	Cuhúl
Aldea	قرية	Qariya
Alegre	مسرور	Masrúr
Alfabeto	الفباء	Alifbá
Alfiler	دبوس	Dabbús
Alfombra	بساط	Bisát
Algo	شيء ما	Shei-má

152

Algodón	قطن	Qutn
Alimento	طعام / غذاء	Ta-aám/
		Ghidhá
Almendra	لوز	Lawzs
Almidón	نشاء	Nashá
Almirante	أميرال	Amírál
Almohada	وسادة	Uisáda
Almorzar	تغدى	Taghddá
Alojamiento	مسكن / اقامة	Maskin/Iqáma
Alquilar	كراء / ايجار	Kirá/Iyár
Alrededor	حول	Hawla
Altar	هيكل	Hhaical
Alto	عالي / مرتفع	Aáli/murtafii
Alumno	تلميذ	Tilmíd
Amable	لطيف	Latíf
Amanecer	شروق	Shurúq
Amar	أحب	Ahabba
Amargo	مر	Murr
Amarillo	أصفر	Asfar
Ambos	كلا الاثنين	Kilál-iznain
Ambulancia	سيارة اسعاف	Sayúret-is-aáf
Amigo	صديق	Sadíq
Amor	الحب	Al-hobb
Amortiguador	مخمد (صوت	Mujmid (saut-
	أو صدم)	au/sadem)
Ancho	عريض	Aaríd
Andar	مشى	Mashá
Angel	ملاك	Malák
Anillo	خاتم	Játim
Animal	حيوان	Hayawán
Anoche	البارحة	Albáriha

153

Anochecer	نزل / الليل	Nazsalal/Lail
Ansioso	قلق	Qaliq
Anterior	سابق / سالف	Sábiq/Sálif
Antes	قبل	Qabla
Antiguo	قديم	Qadím
Anuncio	اعلان	Ii-lán
Apellido	لقب	Laqab
Aplazar	أخر	Ajjara
Apreciar	قدر	Qaddara
Aprender	تعلم	Ta-aa-lama
Aproximadamente	تقريبا	Taqríban
Araña	عنكبوت	Aa-ncabút
Arbitro	حكم	Hacam
Arbol	شجرة	Shaŷara
Arco	قوس	Qaws
Arena	رمل / تراب	Ramal/Turáb
Armario	خزانة	Jizsána
Arquitecto	مهندس بناء	Muhhandis-biná
Arroyo	جدول	Ɣadwal
Arte	فن	Fann
Artificial	اصطناعي	Istiná-ii
Artista	فنان	Fannán
Arzobispo	أسقف	Usquf
Asado	في الفرن	Fil-furn
Ascensor	مصعد	Mis-aad
Asegurar	أمن	Ammana
Asesinar	قتل	Qatala
Asiento	مقعد	Maq-aad
Asistir	حضر	Hadara

154

Aspero	خشن	*Jashin*
Asustar	أخاف / خوف	*Ajáfa/*
		Jawwafa
Aterrizar	هبط / نزل	*Hhabata/*
		Nazsala
Ausente	غائب	*Ghá-ib*
Autoridad	سلطة	*Sulta*
Avanzar	تقدم	*Taqaddama*
Avergonzado	خجلان	*Jaýlán*
Avería	عطب / تعطل	*Aa-tab/*
		Ta-aa-ttul
Ayudar	ساعد	*Sá-aa-da*
Babor	يسار السفينة	*Yasaru-ssafína*
Bahía	جون / خليج	*Ɣawn*
	صغير	*Jaliý saghír*
Baile	مرقص	*Marqas*
Bailar	رقص	*Raqasa*
Bajar	نزل	*Nazsala*
Balanza	ميزان	*Mízsán*
Balcón	شرفة / بلكون	*Shurfa/Belcún*
Ballena	حوت	*Hút*
Bañarse	استحم	*Istahamma*
Baraja	ورق لعب	*Waraq-la-iib*
Barba	لحية / ذقن	*Lihya/Dhiqn*
Barrer	كنس	*Kanasa*
Barrio	حي	*Hayy*
Basura	قمامة	*Qumáma*
Batalla	معركة	*Maa-raca*
Baúl	صندوق	*Sondúq*
Beber	شرب	*Shariba*

Español	العربية	Transcripción
Belleza	جمال	Yamál
Beneficio	ربح	Rabiha
Beso	قبلة	Qubla
Biblioteca	مكتبة	Makteba
Bicicleta	دراجة / بسكليت	Basclít/derráya
Bigote	شنب	Shanab
Bocina	بوق	Búq
Bodega	مطمورة	Matmúra
Bolígrafo	قلم	Qalam
Bolsillo	جيب	Yaib
Bolso	حقيبة يد	Haquibat-yed
Bombilla	لمبة	Lamba
Borrasca	عاصفة	Aá-sifa
Botella	زجاجة/قارورة	Zsuyaya/ Qarúra
Botiquín	صندوق اسعاف أول	Sondúq-is-aáf-awwal
Botón	زر	Zsirr
Bragas	سروال حريمي	Sirwál-harími
Broma	مزاح	Muzsáh
Bronceado	أسمر	Asmar
Brújula	بوصلة	Bawsala
Bufanda	كوفية	Cúfia
Búho	بومة	Búma
Bujía	شمعة اشعال	Sham-aat ish-aál
Burro	حمار	Himár
Buscar	بحث عن	Bahaza-an
Buzón	صندوق بريد	Sondúq-beríd
Caballero	سيد	Seyyid

156

Español	العربية	Transcripción
Caballo	حصان / فرس	Hisán/Feras
Cabello	شعر	Sha-aar
Cabeza	رأس	Rás
Cable	سلك	Silk
Cacahuete	فول سوداني	Fúl sudání
Caer	سقط	Saqata
Caja	صندوق	Sonduq
Cajón	درج	Durý
Calendario	يومية	Yawmiyya
Calentar	سخن	Sajjana
Calor	حرارة	Haróra
Calidad	صفة	Sifa
Caliente	سخن / حار	Sajin/Hárr
Cama	سرير	Serír
Camarote	قمرية	Qamri-yya
Cambiar	بدل	Baddala
Cambio	تبديل	Tabdíl
Camino	طريق	Taríq
Camión	شاحنة	Shá-hina
Campana	جرس / ناقوس	Ýaras/Náqús
Campesino	فلاح	Fel-láh
Canal	قنال	Qanál
Canción	أغنية	Ughniya
Cangrejo	سرطان	Saratán
Cantar	غنى	Ghaná
Cantidad	كمية	Kammiya
Capilla	مصلى	Musal-lá
Cara	وجه	Waýahh
Caracol	حلزون	Halazsún
Caramelo	كرميلة	Caramíla
Carbón	فحم حجري	Faham-haýarí

157

Español	العربية	Transcripción
Cárcel	سجن	Siŷn
Carga	شحنة	Shuhna
Carta	رسالة / خطاب	Riséla/Jitáb
Cartero	ساعي بريد	Sé-iil-baríd
Casa	بيت / دار	Beit/Dár
Casado	متزوج	Mutazsawwiŷ
Castigar	عاقب	Aá-qaba
Castillo	قصر	Qasr
Catálogo	قائمة	Qá-ima
Catarro	زكام	Zsucám
Católico	كاثوليكي	Cázúliquí
Caucho	مطاط	Mattát
Caza	صيد	Saed
Cebolla	بصل	Basal
Cementerio	مقبرة	Maqbara
Cena	عشاء	Iishá
Cenicero	طفاية	Taffáya
Cepillar	نفض	Naffadha
Cerebro	دماغ / مخ	Dimágh/Mujj
Cerdo	خنزير	Jinzsír
Cerilla	كبريت	Kibrít
Cerradura	قفل	Quful
Ciego	أعمى	Aamá
Cielo	سماء	Samá
Ciencia	علم	Iilem
Científico	علمي	Ilmí
Cierto	أكيد	Aquíd
Cima	قمة	Qimma
Cinturón	حزام	Hizsám
Círculo	دائرة	Dá-ira
Cita	موعد	Maw-iid

158

Cobrador	محصل / جامع	Muhassil / Yamii
Cola	ذيل / مؤخرة	Dheil / Mu-a-jjira
Colchón	فرشة	Farsha
Colegio	مدرسة	Madrasa
Comedor	غرفة أكل	Ghurfat-akl
Comenzar	بدأ	Bada-a
Comerciante	تاجر	Táyir
Cómico	مضحك	Mudh-hik
Comida	طعام	Ta-aám
Comisaría	مركز شرطة	Marcazs-shurta
Comodidad	راحة	Ráha
Compañía	رفقة / شركة	Rifqa / Sharika
Comparación	مقارنة	Muqarana
Comprar	شرى / اشترى	Shará / Ishtará
Comprender	فهم	Fahima
Común	عمومي / مشترك	Umúmí / Mushtarak
Comunista	شيوعي	Shuyú-ii
Condición	شرط	Shurt
Conducir	قاد / ساق	Qáda / Sáqa
Conejo	أرنب	Arnab
Conferencia	محاضرة	Muhádhara
Confuso	مضطرب	Mudhtarib
Congelado	مثلج	Muzal-lay
Congreso	مؤتمر	Mu'tawar
Conmigo	معي	Maií
Conocer	عرف	Aarafa
Conseguir	تحصل	Tahassala
Consejo	نصيحة	Nasíha

Español	العربية	Transcripción
Considerar	اعتبر	Iitabara
Consigna	أمانات	Amánát
Consonante	حرف ساكن	Harf sákin
Construir	بنى	Baná
Cónsul	قنصل	Qonsol
Contar	حسب / أحصى	Hasiba/Ahsá
Contener	شمل	Shamala
Contento	مسرور	Masrúr
Contestación	جواب	Yawáb
Continuar	واصل	Wásala
Conversación	محادثة	Muhádaza
Copa	كاس	Kás
Copia	نسخة	Nusja
Corazón	قلب	Qalb
Corbata	ربطة	Rabta
Corcho	فلين	Fil-lín
Cortar	قطع	Qataa
Cosa	شيء	Shei
Coser	خيط	Jay-yata
Costa	ساحل	Sáhil
Costilla	ضلعة	Dhil-aa
Costipado	مزكوم	Mazskúm
Costumbre	عادة	Aáda
Creer	اعتقد / صدق	Iitaqada/ saddaqa
Criada	خادمة	Jádima
Cristiano	مسيحي	Masíhi
Cruz	صليب	Salíb
Cruz Roja	صليب أحمر	Salíb Ahmar
Cruzar	عبر	Aabara

160

Cuaderno	كراس	Kurrás
Cuadro	صورة	Sora
Cucaracha	خنفساء / بنت	Junfusá/
	وردان	Bint wardán
Cuchillo	سكين	Sikkín
Cuerda	حبل	Habal
Cuero	جلد	Yild
Culebra	حية	Hayya
Culpa	ذنب	Dhenb
Cumpleaños	عيد ميلاد	Iíd mílád
Cura	قس	Qiss

Chaleco	صدرية	Sadriya
Champaña	شمبان	Shambán
Champú	شامبو	Shambú
Chaqueta	سترة	Sutra
Chicle	علكة	Iilca
Chocolate	شوكولاطا	Shucúláta
Choque	تصادم	Tasádum

Dama	سيدة	Sayyida
Daño	ضرر	Dharar
Dar	أعطى / قدم	Qaddama/Aatá
Deber	وجب	Wayaba
Debidamente	كما يجب	Kamá yayib
Débil	ضعيف	Dha-iif
Decidir	قرر	Qarrara
Decir	قال	Qála
Declarar	صرح	Sarraha

Español	العربية	Transcripción
Dedo	صبع	Sobuu
Dejar	ترك	Taraca
Delgado	نحيل	Nahíl
Demasiado	كثير جدا	Kacír yiddan
Democracia	ديمقراطية	Dimuqrátiya
Dentadura	مجموعة أسنان	Maymú-aat-asnán
Dentro	داخل	Dájil
Dependiente	عامل تجاري	Aámil-tiyárí
Depósito	وديعة	Wadí-aa
Derechos	حقوق	Huqúq
Desafortunado	منكود الحظ	Mancúd-al-hadh
Desagradable	كريه	Karíhh
Desagüe	بالوعة	Bálú-aa
Desarrollar	طور	Tawwara
Descansar	استراح	Istaráha
Descompuesto	محلل	Muhal-lal
Describir	وصف	Wasafa
Descuento	تخفيض	Tajfídh
Desear	تمنى	Tamanná
Desempaquetar	حل / فتح	Hal-la/ Fataha-ssorr
Desengaño	خيبة أمل	Jaybat-amal
Deseo	أمنية	Umniya
Desgracia	مصيبة	Mosiba
Desierto	صحراء	Sahrá
Desigual	غير متساوي	Ghair mutasáwí
Desmayarse	أغمى عليه	Ughmía aalaih
Desmayo	الاغماء	Al Ighmá

162

Español	عربي	Transcripción
Desnudo	عار	Aá-rin
Desocupado	عاطل	Aatil
Despacio	على مهل	Aalá mahhl
Despedir	طرد	Tarada
Despegar	أقلع	Aqlaaa
Despertador	منبه	Munabbih
Despierto	مستيقظ	Musteiqidh
Desprender	فصل	Fasala
Desvestirse	خلع الثياب	Jala-aazziyáb
Detalle	تفصيل	Tafsíl
Detenerse	وقف	Waqafa
Deuda	دين	Dein
Diablo	شيطان	Shaitán
Diamante	ألماس	Almás
Diario	يومي / جريدة	Yawmi/Ɂarída
Diarrea	اسهال	Ishhál
Dibujar	رسم / صور	Rasama/ Sawwara
Diccionario	قاموس	Qámús
Dichoso	سعيد	Se-iid
Diente	سن	Sinn
Diferencia	فرق / اختلاف	Fark/Ijtiláf
Difícil	أصعب	Saab
Dimensión	حجم	Haŷm
Dinero	فلوس	Fulús
Dios	رب / الله	Rabb/Al-láh
Director	مدير	Mudír
Dirigir	أدار	Adára
Disco	أسطوانة	Ustowána
Disculpa	اعتذار	I-ii-tidár

163

Disgustar	كدر	Kaddara
Disparate	حماقة	Hamáqa
Disparo	طلقة	Talqa
Dispensar	سامح	Sámaha
Disponible	تحت اليد	Tahtal-yad
Dispuesto	مستعد	Musta-iid
Disputar	جادل / خاصم	Ɣádala / Jásama
Distinto	مختلف	Mujtalif
Distraído	سرحان	Sarhán
Distribución	توزيع	Tawzsíi
Distrito	حي	Hayy
Diversión	تسلية	Tesliya
Divertirse	تسلى	Tasal-lá
Dividir	قسم	Qasama
Divorcio	طلاق	Taláq
Doble	مزدوج	Muzsdawiŷ
Doctor	دكتور	Ductúr
Documento	وثيقة	Wacíqa
Dolor	ألم	Alam
Domicilio	مسكن	Maskin
Dormir	نام	Náma
Dormitorio	غرفة نوم	Ghurfat-nawm
Dosis	مقدار	Miqdár
Ducha	دش	Dush
Duende	شبح / خيال	Shabah / Jayál
Dueño	صاحب	Sáhib
Dulce	حلو / عذب	Huluw / Aadib
Duro	صلب	Salb

164

Echar	ضرد / رمى	Tarada/Ramá
Edad	عمر	Uumur
Edificar	أقام / بنى	Aqáma/Baná
Edificio	بناية	Bináya
Educación	تعليم	Ta-aa-lím
Educado	متأدب	Muta-addib
Efecto	تأثير	Ta-acír
Ejemplo	مثال	Mizál
Ejercicio	تمرين	Tamrín
Ejército	جيش / عسكر	Yaish/Aaskar
Elástico	مرن / مطاط	Marin/Mattát
Elección	اختيار / انتخاب	Ijtiyár/Intijáb
Electricidad	كهرباء	Kahhrabá
Elefante	فيل	Fíl
Elegir	اختار / انتخب	Ijtára/Intajaba
Embalaje	تحزيم	Tahzsím
Embarcarse	ركب	Rakiba
Emoción	تأثر	Ta-az-zur
Empalme	وصل	Wasal
Emperador	امبراطور	Imbirátór
Empezar	بدأ	Badu-a
Empleado	موظف	Muwad-dhaf
Empleo	عمل	Aamal
Empujar	دفع	Dafa-aa
Enaguas	تنورة داخلية	Tanúra dájiliya
Encaje	دنتلا / تخريم	Dantel-lá/ Tajrím
Encargado	مسؤول	Mas-úl
Encendedor	مشعل	Mish-aal
Encender	أشعل	Ash-aala
Encontrar	وجد / التقى	Wayada/Iltaqá

Encuentro	لقاء	Liqá
Enemigo	عدو	Aaduw
Energía	طاقة	Táqa
Enfermedad	مرض	Maradh
Enfermera	ممرضة	Mumarridha
Enfermo	مريض	Marídh
Engañar	غش / خدع	Ghash-sha/ jada-aa
Engaño	حيلة / خداع	Híla
Engordar	سمن	Semina
Engrasar	شحم	Shah-hama
Enojado	غضبان	Ghadhbán
Enseñar	علم	Aal-lama
Entender	فهم	Fahhima
Enteramente	كليا	Kul-liyan
Entierro	جنازة	Yanázsa
Entreacto	استراحة	Istiráha
Entregar	أعطى	A-aatá
Entrevista	مقابلة	Muqábala
Enviar	أرسل	Arsala
Envolver	لف	Laf-fa
Equipo	فريق / لوازم	Faríq/ Lawázsim
Equivocado	خطأ	Jata
Equivocar	أخطأ	Ajta-a
Error	غلط	Ghalat
Escalera	سلم / مرقاة	Sul-lam/ Mirqát
Escaparate	واجهة / فيترينة	Wáyihha/ Vitrína
Escape	تسرب	Tasarrub

Escaso	نادر	*Nádir*
Escena	مسرح	*Masrah*
Escoba	مكنسة	*Miknasa*
Escocés	اسكتلندي	*Iscutlandí*
Escoger	اختار	*Ijtára*
Escollo	صخرة / عقبة	*Sajra/Aaqaba*
Escribir	كتب	*Kataba*
Escuchar	استمع	*Istama-aa*
Escuela	مدرسة	*Madrasa*
Esmeralda	زمرد	*Zsumurrud*
Espacio	فضاء	*Fadhá*
Espada	سيف	*Seif*
Esparadrapo	لصقة مشمعة	*Losqa mu-shamma-aa*
Especial	خاص	*Jáss*
Especialidad	اختصاص	*Ijtisás*
Espectáculo	عرض	*Aaradh*
Espejo	مرآة	*Mir-át*
Esperanza	أمل	*Amal*
Esperar	انتظر	*Intadhara*
Espeso	تخين	*Cejín*
Espina	شوكة	*Shawka*
Esquina	ركن	*Rukn*
Estatua	تمثال	*Timzál*
Estrecho	ضيق	*Dhay-yiq*
Estrella	نجمة	*Naŷma*
Estreñimiento	امساك	*Imsák*
Estribo	ركاب	*Ricáb*
Estropear	أفسد	*Afsada*
Estudiante	طالب	*Tálib*
Estudiar	درس	*Darasa*

Etiqueta	بطاقة	Bitáqa
Evidente	واضح	Wádhih
Evitar	تفادى	Tafádá
Exacto	مدقق	Mudaqqaq
Examen	امتحان	Imtihán
Excelente	فاخر / جيد	Fájir/Ɛay-yid
Excepto	ما عدى / الا	Má adá/Il-lá
Excursión	رحلة	Rihla
Excusa	عذر	Uudr
Exito	نجاح	Naɣáh
Explicar	شرح / بين	Sharaha/
		Bayyana
Exportar	صدر	Saddara
Exposición	معرض	Maa-ridh
Expreso	عاجل	Aá-ɣil
Extranjero	أجنبي	Aɣnabí
Extraño	غريب	Gharíb

Fábrica	معمل	Maamal
Fácil	بسيط	Basít
Falso	كاذب / زائف	Kádib/Zsá-if
Familia	أسرة	Usra
Fango	وحل	Wahal
Farmacia	صيدلية	Saydaliya
Faro	منارة	Manára
Ficha	فيشة	Físha
Fiebre	حرارة	Harára
Fiesta	عيد	Iíd
Fijo	ثابت	Zábit
Filete	بفتيك	Biftík
Fin	نهاية	Nihháya

Firmar	وقع	waq-qaa
Flojo	طري / لين	Tariyy/Lay-in
Flor	زهرة	Zsahhra
Fondo	قاع / قرار	Qá-a/Qarár
Forastero	أجنبي	Aýnabí
Forma	شكل	Shakl
Fórmula	وصفة / قاعدة	Wasfa/Qá-ida
Frasco	زجاجة	Zsuýáýa
Frecuente-mente	عادة ما	Aadatan má
Freno	فرامل	Farámil
Fresa	فراولة	Faráwila
Fréjol	فاصوليا	Fásólya
Frío	بارد	Bárid
Frito	مقلي	Maqlí
Frontera	حدود	Hudúd
Fruta	فاكهة	Fákihha
Fuego	نار	Nár
Fuente	نافورة	Náfúra
Fuerte	قوي	Qawiy
Fuerza	قوة	Quwwa
Función	عمل	Aa-mal
Fusil	بندقية	Bunduqiya
Futuro	مستقبل	Mustaqbal

Gabán	معطف	Miitaf
Gabardina	واقي من المطر	Wáqí-minal-matar
Gafas	نظارات	Nad-dhárát
Gala	حفلة	Hafla

Galaxia	مجرة / كوكبة	Maŷar-ra/ kawkaba
Galería	رواق	Riwáq
Galón (me-dida)	جالون	Ŷálún
Galleta	بسكويت	Biscuít
Gallina	دجاجة	Daŷáŷa
Gamba	اربيان / جنبري	Irbiyán/ Ŷanbarí
Ganado	غنم	Ghanam
Garantizado	مضمون	Madhmún
Garganta	حلق	Halaq
Gas	غاز	Ghazs
Gastar	صرف / أنفق	Sarafa/Anfaqa
Gastos	تكاليف	Takálif
Gato	قط	Qitt
Generoso	كريم	Karím
Gente	ناس	Nás
Geografía	جغرافية	Ŷughráfiya
Gerente	متكلف / مدير	Mutacal-lif/ Mudír
Ginebra	شراب عرعر	Sharáb aar-aar
Gobierno	حكومة	Hucúma
Golpe	ضربة	Dharba
Gordo	سمين	Semín
Gorra	كسكيت	Kaskít
Gota	نقطة	Noqta
Grapa	مشبك	Mishbak
Grifo	صنبور / حنفية	Sonbúr/ Hanafíya

Gripe	نزلة / انفلونزا	Nazsla/ Influenzsa
Grito	صراخ	Soráj
Grosero	وقح	Waqih
Guapo	جميل	Ŷamil
Guardar	حرس	Harasa
Guardia	حارس	Háris
Guijarros	حصباء	Hasbá
Guisar	طبخ	Tabaja
Guitarra	غيثارة	Ghízára
Gustar	أعجب	Aa-ŷaba
Haber	عنده / يوجد	Iindahhu/ Yúŷad
Habitación	غرفة	Ghurfa
Habitante	ساكن	Sákin
Hablar	تكلم	Takal-lama
Hacer	فعل	Faala
Hambre	جوع	Ŷuu
Haya	شجر الزان	Shaŷarezsán
Helado	مثلجة	Muzal-laŷa
Hembra	أنثى	Unzá
Herencia	وراثة	Wiráza
Herida	جرح	Ŷurh
Héroe	بطل	Batal
Hervir	غلى	Ghal-lá
Hielo	ثلج	Zalŷ
Hierba	حشيش	Hashísh
Hierro	حديد	Hadíd
Higo	تين	Tín
Hilo	خيط	Jait

171

Hispano-		
americano	اسباني أمريكي	*Isbáni amríki*
Hoja	ورقة	*Waraqa*
Hombre	رجل	*Raŷul*
Hombro	كتف	*Katif*
Homicida	قاتل	*Qátil*
Homónimo	متجانس	*Mutaŷánis*
Hondo	عميق	*Aamiq*
Hongo	فطر	*Fotor*
Honor	شرف	*Sharaf*
Honorario	جراية / فخري	*Ŷiráya/Fajrí*
Honrado	شريف	*Sheríf*
Horizontal	أفقي	*Ufuqi*
Horno	فرن	*Furn*
Hospedaje	اقامة	*Iqáma*
Hospital	مستشفى	*Mustashfá*
Hospitalidad	تكريم	*Takrím*
Huelga	اضراب	*Idhráb*
Hueso	عظم	*Aadham*
Huida	هروب	*Hhurúb*
Hulla	فحم حجري	*Fahm haŷarí*
Humano	انساني	*Insáni*
Humo	دخان	*Duj-ján*
Húmedo	رطب	*Ratbun*
Huracán	اعصار	*Iisár*
Idea	فكرة	*Fikra*
Identificación	اثبات التخصية	*Izbáta-sh-shajsiya*
Idioma	لغة	*Lugha*
Idiota	أبله	*Ablahh*

Español	العربية	Transcripción
Iglesia	كنيسة	Kenísa
Igual	متساوي	Mutasá-wi
Ilegal	لا شرعي	Lá shar-ii
Ilustración	تصوير	Taswír
Imaginación	خيال	Jayál
Imán	مغناطيس	Maghnatís
Imitación	تقليد	Taqlíd
Imperdible	دبوس	Dab-bús
Impermeable	واقي من المطر	Wáqi mina-l-matar
Incautar	حجز	Hayazsa
Incidente	حادث	Hádiz
Incluido	داخل / مدرج	Dájil/Mudraŷ
Incoloro	عديم اللون	Aadimal-lawn
Incómodo	غير مريح	Ghair murih
Incompleto	غير كامل	Ghair kámil
Indemnización	تعويض	Ta-avidh
Independencia	استقلال	Istiqlál
Indicar	دل	Dal-la
Indigestión	سوء هضم	Su-u-hhadhm
Individuo	فرد / شخص	Fard/Shajs
Infierno	جهنم	Yahhan-nam
Injusto	غير عادل	Ghair aádil
Inmigración	هجرة	Hhiŷra
Inocente	بريء	Barí
Inquilino	مكتر	Muktarin
Insecto	حشرة	Hashara
Insistir	ألح	Alahá
Inspeccionar	راقب	Ráqaba
Intelectual	مفكر	Mufakkir
Inteligente	ذكي	Dakíy

173

Intenso	شديد	Shadíd
Interpretar	ترجم / أول	Tarŷama/ Awwala
Interruptor	مفتاح	Miftáh
Inundación	فيضان	Fayadhán
Inútil	بلا فائدة	Bilá fa-ida
Invalidez	بطلان	Botlán
Invasor	غاز	Gházsin
Inventario	جرد / تقويم	Ŷard/Taqwim
Investigar	بحث	Bahaza
Inyección	حقنة	Huqna
Ir	ذهب	Dahhaba
Ira	غضب	Ghadhab
Iris	قزحية	Quzsahiya
Ironía	تهكم	Tahhak-kum
Irritar	أثار	Azára
Isla	جزيرة	Ŷazsíra
Izar	رفع	Rafa-aa

Jabón	صابون	Sábún
Jamón	جانبون	Ŷánbón
Jardín	حديقة	Hadíqa
Jerarquía	مرتبة	Martaba
Jerez	شري (شراب / نبيذ)	Sherry (Sharáb/Nabidh)
Jornalero	عامل يومي	Aámil yawmí
Joven	شاب	Shább
Joya	حلية	Hilia
Júbilo	فرحة عارمة	Farha aárima
Juego	لعبة	Luuba
Juez	قاضي	Qádhí

Jugar	لعب	La-iiba
Jugo	عصير	Aa-sír
Juicio	قضاء / حكم	Qadhá/Hukm
Justicia	عدالة	Aadála
Justo	عادل	Aádil
Juvenil	فتى	Fatiyy

Kilo	كيلو	Kílú
Kilociclo	كيلوسيكل	Kílú síkl
Kilovatio	كيلو واط	Kílú wát
Kiosco	كشك	Kushk

Laberinto	متاهة	Matáhha
Labio	شفة	Shaffa
Labor	عمل / جهد	Aamal/ɤuhhd
Lacre	شمع أحمر	Shamaa ahmar
Ladrón	سارق / لص	Sáriq/Liss
Lagarto	سحلية	Sahliyya
Lago	بحيرة	Buhayra
Lamentar	ندم	Nadima
Lámpara	مصباح	Misbáh
Lana	صوف	Soof
Langosta	جراد بحري	Ɂarád bahrí
Lápiz	قلد رصاص	Qalam rasás
Latino	لاتيني	Látíní
Lavabo	حوض غسيل	Hawdh ghasíl
Lavandería	مغسل	Maghsal
Lavar	غسل	Ghasala

175

Español	العربية	Transcripción
Laxante	مسهل	Musah-hil
Lección	درس	Dars
Leche	حليب / لبن	Halíb/Laban
Lechuga	خس	Jass
Leer	قرأ	Qara-a
Lejos	بعيد	Ba-iíd
Lengua	لسان	Lisán
Lento	بطيء	Batí
Leña	خشب	Jashab
León	أسد	Asad
Letrero	لافتة	Láfita
Levantarse	نهض	Nahhadha
Ley	قانون	Qánún
Leyenda	أسطورة	Ustóra
Libertad	حرية	Hurriya
Libra	نصف كيلو	Nisf kílú
Libre	خال / فاضي / حر	Jálin/Fádhi/Horr
Libreta	كتيب	Kutayyib
Libro	كتاب	Kitáb
Licencia	رخصة	Rujsa
Licor	مشروب روحي	Mashrúb rúhí
Liga	ربطة ساق	Rabtat sáq
Ligero	خفيف	Jafíf
Límite	حد	Hadd
Limón	ليمون	Leymún
Limonada	شراب ليمون	Sharáb leymún
Limpiar	نظف	Nad-dhafa
Lindo	جميل	Ɛamíl
Lino	كتان	Kattán
Linterna	فانوس	Fánús
Liso	أملس	Amlas

176

Lista	قائمة	Qá-ima
Litera	سرير	Serír
Lobo	ذئب	di-ib
Loco	مجنون	Maŷnún
Locomotora	قاطرة	Qátira
Locutor	مذيع	Mudíi
Loma	هضبة	Hhadhaba
Lugar	مكان	Makán
Lujoso	فاخر	Fájir
Lumbre	نور خفيف	Núr jafíf
Luna	قمر	Qamar
Luto	حداد	Hidád
Luz	نور	Núr

Llaga	جرح / قرح	Ƴurh/Qurh
Llama	لهب	Lahhab
Llamar	نادى	Nádá
Llanura	سهل	Sahhal
Llave	مفتاح	Miftáh
Llegada	وصول	Wosool
Llenar	ملا	Mala-a
Llorar	بكى	Baká
Lloriqueo	بكاء	Buká
Llover	أمطر / نزل المطر	Amtara/Naz-salal-matar

Madeja	ربطة خيوط	Rabtat-juyút
Madera	خشب	Jashab
Madrugar	بكر	Baccara

Maestro	معلم	Mu-aal-lim
Magnífico	عظيم	Aa-dhim
Maíz	ذرة	Dura
Mal	شر / سيء	Sharr/Sayyi
Maleta	حقيبة	Haqíba
Maletín	حقيبة يد	Haqíbat-yed
Mancha	لطخة	Latja
Mandar	أرسل	Arsala
Manga	كم	Kumm
Manivela	يد مدورة	Yed mu-dawwira
Mantel	سماط	Simát
Mantequilla	زبدة	Zsubda
Mar	بحر	Bahar
Marca	أثر / علامة	Azar/Aaláma
Marchar	غادر / ذهب	Ghádara/Dahhaba
Marea	مد وجزر	Madd wa yazser
Mármol	مرمر	Marmar
Martillo	مطرقة	Mitraqa
Marqués	مركيز (نبيل)	Marqués (nabíl)
Matar	قتل	Qatala
Material	مادة	Mádda
Matrícula	رقم قيد	Raqam qayd
Mausoleo	مقام / ضريح	Maqám/Dharíh
Mayoría	أغلبية	Aghlabiya
Mecanógrafo	كاتب على الآلة الكاتبة	Kátib aalal-álal-kátiba
Medicina	طب	Tibb

178

Medida	قياس	Qiyás
Mendigo	متسول	Mutasawwil
Mensaje	رسالة	Risála
Mentira	كذب	Kadib
Mercado	سوق	Súq
Merienda	أكلة بعد الظهر (لمجة)	Uklata baad-dhuhhr (lumŷa)
Metal	معدن	Maadin
Meter	أدخل	Adjala
Mezclado	مخلط	Mujal-lat
Mezquita	مسجد	Masŷid
Miedo	خوف	Jawf
Miel	عسل	Aasal
Miembro	عضو	Uudhow
Mirar	نظر	Nadhara
Misa	قداس	Qud-dás
Misionero	مبشر	Mubash-shir
Mochila	حقيبة ظهر	Haqíbat-dhahr
Moda	موضة	Múdha
Modista	خياط / ترزي	Jayyát/Tarzsí
Mojado	مبلول	Mablúl
Molécula	جزيئة	Ŷuzsai-a
Molestar	أزعج / ضايق	Azs-aa-ŷa/ Dháyaqa
Molestia	مضايقة	Mudháyaqa
Mono	قرد	Qird
Montaña	جبل	Ŷabal
Monte	جبل	Ŷabal
Montura	سرج /بردعة/مطية	Sarŷ/Barda-aa/Matía
Monumento	نصب تذكاري	Nasb tidkárí
Mordisco	عضة	Aadha

179

Español	العربية	Transcripción
Morir	مات	*Máta*
Mosaico	فسيفساء	*Fusaifisá*
Mosca	ذبابة	*Dubába*
Mostaza	خردل	*Jardal*
Mostrador	مبسط سلع	*Mabsat sil-aa*
Muchacha	صبية / بنت	*Sabiyya/Bint*
Muchacho	ولد	*Walad*
Mueble	أثاث	*Azáz*
Muela	ضرس	*Dhars*
Muelle (puerto)	رصيف الميناء	*Rasif al-miná*
Muelle	زنبرك	*Zsunburac*
Muerto	ميت	*Mayyit*
Mujer	مرأة	*Mar-a*
Multa	غرامة	*Gharáma*
Mundo	عالم	*Aálam*
Muñeca	دمية	*Dumya*
Músculo	عضلة	*Aadhala*
Músico	موسيقى	*Músiqá*
Nácar	صدف	*Sadaf*
Nacarado	صدفي	*Sadafí*
Nacer	ولد	*Wulida*
Nada	لا شيء	*Lá shay*
Nadar	سبح	*Sabaha*
Naipe	ورق لعب	*Waraq la-iib*
Nativo	ابن البلد/بلدي	*Ibnal-balad*
		Baladí
Naturaleza	طبيعة	*Tabí-aa*
Náusea	غثيان	*Ghazayán*
Necesitar	احتاج /بحاجة	*Ihtâ∮a/*
	الى	*Biháâ∮a ilá*

Neceser	حقيبة أدوات الزينة	*Haqíbat-adawáta-zsína*
Necio	أحمق	*Ahmaq*
Necrópolis	مدينة أموات	*Madínat-amwát*
Nefritis	التهاب الكلية	*Iltihhábul-kulya*
Negar	أنكر	*Ankara*
Negocios	مصلحة / أعمال	*Maslaha/ Aamál*
Nene	رضيع	*Radhíi*
Nervio	عصب	*Aasab*
Neumonía	التهاب الرئة	*Iltihhabur-ri-a*
Nevar	أثلج	*Azlaŷa*
Nevera	ثلاجة	*Zal-láŷa*
Niebla	ضباب	*Dhabáb*
Nieve	ثلج	*Zalaŷ*
Nogal	الجوز	*Alŷúzs*
Norte	شمال	*Shamál*
Noticias	أخبار	*Ajbár*
Novedad	حداثة	*Hadáza*
Novela	رواية	*Riwáya*
Novia	خطيبة	*Jatíba*
Nube	سحابة	*Sahába*
Nuez	جوز	*Ɂawazs*
Numismática	علم المسكوكات	*Iilmul-mas-kúkát*
Nunca	أبدا	*Abadan*
Nupcial	عرسي	*Uursí*

181

Oasis	واحة	*Wáha*
Obediencia	امتثال	*Imtizál*
Obeso	سمين	*Samín*
Objeto	شيء	*Shay*
Oblicuo	مائل	*Má-il*
Obsequio	هبة	*Hhiba*
Observatorio	مرصد	*Mirsad*
Obtener	تحصل	*Tahassala*
Ocasión	فرصة	*Forsa*
Océano	محيط	*Mohít*
Odiar	كره	*Karihha*
Oeste	غرب	*Gharb*
Oír	سمع	*Sami-aa*
Ojal	عروة	*Uurwa*
Ojo	عين	*Aain*
Ola	موجة	*Mawŷa*
Oler	شم	*Shamma*
Olvidar	نسي	*Nasiya*
Onda	موجة	*Mawŷa*
Optico	بصري	*Basarí*
Opuesto	مخالف	*Mujálif*
Oración	صلاة	*Salát*
Oreja	أذن	*Udun*
Orfebre	صائغ	*Sá-igh*
Organo	أرغن / عضو	*Urghun/Udhwu*
Orgulloso	متكبر	*Mutakabbir*
Orquídea	سحلبية	*Sahlabiyya*
Oscuro	مظلم	*Mudhlim*
Oso	دب	*Dubb*
Ostra	محار	*Mahár*
Oveja	نعجة	*Naaŷa*

182

Español	العربية	Transcripción
Oxido	أوكسيد	Úcsíd
Oxígeno	أوكسيجين	Úcsíyin
Pabellón	سرادق	Surádiq
Paciencia	صبر	Sabar
Paciente	صبور / مريض	Sabúr/Marídh
Página	صفحة	Safha
Paja	تبن	Tíbn
Pájaro	عصفور / طير	Uusfúr/Tair
Palabra	كلمة	Kalima
Palacio	قصر	Qasr
Pálido	شاحب	Sháhib
Palmera	نخلة	Najla
Palo	عصا	Aasá
Paloma	حمامة	Hamáma
Pantalón	بنطلون	Pantalón
Pañuelo	منديل / محرمة	Mindíl/ Mihrama
Papel	ورق / دور	Waraq/Dawr
Paquete	طرد	Tard
Paraguas	مطرية	Matriyya
Paralelo	مواز / محاد	Muwázsin/ Muhádin
Parar	أوقف	Awqafa
Parecer	بدا / ظن	Badá/Dhanna
Pared	حائط / جدار	Há-it/Yidár
Pareja	زوج	Zsawŷ
Pasaje	ممر / سفر	Mamarr/Safar
Pasaporte	جواز سفر	Ŷawázs safar

183

Pasillo	ممشى / رواق	Mamshá/ Riwáq
Pastelería	فطائر / حلويات	Fatá-ir/ Halawiyát
Pastilla	قرص / حبة	Qurs/Habba
Patio	فناء / بهو	Finá/Bahaw
Patrulla	دورية حراسة	Dawriyat- hirása
Paz	سلام	Salám
Peaje	رسم عبور	Rasam uubúr
Peatón	راجل / ماشي	Rávil/Máshí
Pedrería	مجوهرات	Muvawhharát
Peine	مشط	Musht
Película	فيلم	Fílm
Peligro	خطر	Jatar
Pendientes	أقراط	Aqrát
Penitencia	توبة / ندامة	Tawba/ Nadáma
Pensar	فكر	Fakkara
Pensión	معاش / فندق عائلي	Ma-aásh/ Funduk aá-ilí
Percha	علاقة / معلاق	Aal-láya/ Mi-iláq
Perdido	تائه	Tá-ihh
Peregrino	حاج / زائر	Háŷŷ/Zsá-ir
Perejil	بقدنوس	Baqdanús
Perezoso	كسول / كسلان	Kasúl/Kaslán
Perla	لؤلؤة	Lulu-a
Permanecer	بقي	Baqiya
Permitir	سمح	Samiha
Perro	كلب	Kalb

184

Persiana	مغلق شباك	Maghlaq shubbak
Pertenecer	انتسب الى	Intasaba ilá
Petróleo	نفط / بترول	Naft/Bitrúl
Picadura	لسعة / قرصة	Las-aa/Qarsa
Piedra	حجر	Haŷar
Pijama	منامة	Manáma
Pila	بطارية	Battariya
Píldora	حبة	Habba
Piloto	قائد	Qá-id
Pimienta	فلفل أسود	Filfil asuad
Pintura	تصوير / طلاء	Taswir/Tilá
Piscina	مسبح	Masbah
Piso	طابق	Tábiq
Pistola	فرد / مسدس	Fard/Mu-saddas
Plancha (de ropa)	مكواة	Mikwát
Plata	فضة	Fidhdha
Playa	شاطيء	Shátí
Plaza	مكان / ساحة	Makán/Sáha
Plomo	رصاص	Rasás
Pluma	ريشة	Rísha
Pobre	فقير	Faqír
Poco	قليل	Qalíl
Poesía	قصيدة	Qasída
Polvo	مسحوق	Mashúq
Polvo (su-ciedad)	غبرة	Ghabra
Pollo	دجاج / فراخ	Daŷáŷ/Firáj

Pomada	مرهم / مروخ	Marhham/ Marúj
Porcelana	خزف	Jazsaf
Portero	بواب	Bawwáb
Prado	حقل	Haqal
Precioso	نفيس	Nafís
Premio	جائزة	Ɣá-izsa
Preso	سجين / محبوس	Saŷín/Mahbús
Probar	جرب	Ɣarraba
Probar (comida)	ذاق	Dáqa
Profesor	أستاذ	Ustéd
Profundo	عميق	Aamíq
Prohibido	ممتوع	Mamnúu
Protección	حراسة / وقاية	Hirása/ Waqáya
Provincia	اقليم	Iqlím
Próximo	قريب	Qaríb
Puente	قنطرة	Qantara
Puerta	باب	Báb
Pulmón	رئة	Ri-a
Pulsera	سوار	Siwár
Puro	نقي / صافي	Naqiyy/Sáfí

Quemadura	حرق	Haraq
Quemar	حرق	Haraqa
Querer	أحب / أراد	Ahabba/Aráda
Quirófano	غرفة عمليات	Ghurfat-aamaliyát
Quirúrgico	جراح	Ɣarráh

186

Quitamanchas	مزيل البقع	Muzsílal-buqa-aa
Quitar	نزع / أزال	Nazsa-aa/ Azsála
Rábanos	فجل	Fuŷul
Rabia	غضب	Ghadhaba
Radiactividad	اشعاعية	Ish-aa-ii-ya
Rana	ضفدعة	Dhafda-aa
Rápidamente	بسرعة	Bisur-aa
Raro	غير عادي / شاذ	Ghair aadí/ Shádd
Rascacielos	ناطحة سحاب	Nátihat-sahâb
Rasguño	خدش	Jadash
Rata	فأر صغير	Fa-ar saghír
Ratón	فأر	Fa-ar
Rayo	شعاع	Shu-aa-aa
Rayos X	أشعة سينية	Ashi-aa síniya
Raza	جنس / فصيلة	Ŷins/Fasíla
Razón	ادراك	Idrák
Rebaja	تخفيص	Tajfidh
Recado	خطاب	Jitáb
Receta	وصفة	Wasfa
Recibir	تسلم / استقبل	Tasal-lama/ Istaqbala
Recibo	ايصال	Ísál
Recobrar	استرد	Istaradda
Recoger	التقط	Iltaqata
Reconciliar	أصلح	Aslaha
Recordar	ذكر	Dakkara
Recuerdo	تذكار	Tidkár
Red	شبكة	Shabaka

Redondo	مدور	Mudawwar
Reembolso	تأدية	Ta-adiya
Refresco	مرطب / مبرد	Murattib/ Mubarrid
Regalo	هدية	Hhadiyya
Régimen	نظام / أسلوب	Nidhám/ Uslúb
Región	جهة / منطقة	Ŷihha/Man-taqa
Reglamento	قانون	Qánún
Rehusar	تهرب	Tahharraba
Reina	ملكة	Malika
Reír	ضحك	Dhahika
Relámpago	برق	Barq
Remolacha	بنجر	Banŷar
Remolcar	سحب	Sahaba
Repetir	أعاد	A-aáda
Reportero	مخبر صحفي	Mujbir sohofí
Representante	ممثل	Mumazzil
Resbaladizo	زلق	Zsaliq
Resfriado	مزكوم	Mazskúm
Residente	مقيم	Muqím
Respiración	تنفس	Tanaffus
Respirar	تنفس	Tanaffasa
Responder	أجاب / رد	Aŷába/Radda
Responsa-bilidad	مسؤولية	Mas-ú-liya
Respuesta	جواب / رد	Ŷawáb/Radd
Retrato	صورة	Sóra
Revisor	مراقب / مفتش	Muráqib/ Mufattish

Revelar	أفشى	Afshá
Revelar (foto-grafías)	حمض	Hammadha
Revista	مجلة	Mayal-la
Rey	ملك	Malik
Rico	غني	Ghaniy
Río	واد / نهر	Wád/Nahhar
Risa	ضحك	Dhahik
Rizador	مكوى شعر	Makwá sha-aar
Roca	صخرة	Sajra
Rodilla	ركبة	Rukba
Rompeolas	كاسر أمواج	Kásir amwáy
Romper	كسر	Kassara
Ropa	ثياب / ملابس	Ciyáb/Malábis
Roto	مكسر	Mukassar
Rubí	ياقوت أحمر	Yáqút ahmar
Rubio	أشقر	Ash-qar
Rueda	دولاب	Dúláb
Ruido	صخب	Sajab
Ruidoso	صاخب	Sájib
Ruina	خراب / أثر	Jaráb/Azar
Rulo	لفيفة	Lafífa
Rural	ريفي	Rífí
Rusia	روسيا	Rúsiyá
Ruso	روسي	Rúsí
Ruta	طريق	Taríq
Sábana	ملاءة / لحاف	Milá-a/Liháf
Saber	عرف / علم	Aarafa/Iilm
Sabio	عالم	Aálim

189

Español	العربية	Transliteración
Sabor	ذوق	Dawq
Sacar	أخرج	Ajraŷa
Sacerdote	خوري	Júri
Sal	ملح	Milh
Sala de espera	غرفة الانتظار	Ghurfatul-intidhár
Salchicha	مقانق	Maqániq
Salir	خرج	Jaraŷa
Salsa	صلصة / مرق	Salsa/Maraq
Saltar	وثب	Wazaba
Sangre	دم	Damm
Salud	صحة	Siha
Saludo	سلام	Salám
Salvaje	متوحش	Mutawah-hish
Salvavidas	صدرية نجاة	Sadriyat-naŷát
Sartén	مقلاة / قلاية	Miqlát/Qal-láya
Sastre	خياط	Jayyát
Seco	يابس / ناشف	Yábis/Náshif
Secreto	سر / سري	Sirr/Sirrí
Seda	حرير	Harír
Sedal	خيط صنارة	Jait sinnára
Seducción	اغواء	Ighwá
Seguir	تبع / تابع	Tabi-aa/Tába-aa
Selva	غابة	Ghába
Sello	طابع / ختم	Tábi-ii/Jatm
Semana	أسبوع	Usbú-uu
Semejante	مماثل	Mumácil
Sencillo	بسيط	Basít

Señal	اشارة	*Ishára*
Señas	عنوان	*Iinwán*
Ser	كان	*Kána*
Servilleta	فوطة	*Fúta*
Servir	خدم	*Jadama*
Seta	فطر	*Fotor*
Sidra	سيدر / شراب التفاح	*Síder/Sharábut-tuffáh*
Siempre	دائما	*Dá-iman*
Sierra	منشار / سلسلة جبال	*Minshár/Silsilat-ŷibál*
Siesta	قيلولة	*Qaylúla*
Siglo	قرن	*Qarn*
Silencio	سكوت	*Sukút*
Silla	كرسي	*Kursí*
Simpatía	تعاطف / ود	*Ta-aá-tuf/wudd*
Sincero	صريح	*Saríh*
Sobrina	بنت أخ / أخت	*Bint-ujt/Bint-aj*
Sobrino	ابن أخ / أخت	*Ibn-aj/Ibn-ujt*
Sol	شمس	*Shams*
Soldado	جندي	*Ŷundí*
Sólido	متين	*Metín*
Soltero	عازب	*Aá-zsib*
Sombra	ظل	*Dhil*
Sombrero	مظلة	*Midhal-la*
Sonido	صوت	*Sawt*
Sonrisa	ابتسامة	*Ibtisáma*
Sopa	شربة	*Shurba*
Sortija	خاتم	*Játim*

Sostén	حمالة نهدين	Hammálat-nahhdain
Subterráneo	سرداب / نفق	Sirdáb/Nafaq
Súbdito	مواطن	Muwátin
Sucio	وسخ	Wasij
Sudor	عرق	Aaraq
Sueco	سويدي	Suwaydí
Suegra	حماة	Hamát
Suerte	حظ	Hadh
Suicidio	انتحار	Intihár
Suizo	سويسري	Suwísrí
Sumar	أضاف	Adháfa
Sumergir	غرق	Ghariqa
Surtidor	ممون / مضخة بنزين	Mumawwin/Midhajjat-banzsín
Tabaco	تبغ	Tibgh
Taberna	خان / خمارة	Ján/Jammára
Tabique	فاصل	Fásil
Tacón	كعب	Ka-aab
Tacto	لمس / فطانة	Lams/fatána
Tapa	غطاء	Ghitá
Tardar	تأخر	Ta-ajjara
Tejado	سقف	Saqaf
Tela	قماش	Qumásh
Telegrama	برقية	Barqiyya
Tempestad	عاصفة	Aásifa
Temprano	باكرا	Bákiran
Tener	عندي٠٠ عنده٠٠	Iindí... inda-ka... iindahhu

Español	العربية	Transliteración
Teñir	صبغ	Sabagha
Terapéutica	فن الشفاء	Fannu-sh-shifá
Terciopelo	مخمل	Mujmal
Terminar	كمل	Kammala
Termómetro	ترمميتر	Termúmiter
Tetera	ابريق الشاي	Ibríqu-sh-sháy
Tiburón	سمك القرش	Samakul-qirsh
Tiempo	وقت / طقس	Waqt/Taqs
Tienda	دكان	Dukkán
Tierra	أرض	Ardh
Tieso	متيبس	Mutayabbis
Tijeras	مقص	Miqass
Tímido	خجول	Jaýúl
Tinta	حبر	Hibr
Tipo	قالب / مثال	Qálib/Mizál
Toalla	منشفة / بشكير	Minshafa/ Bashkír
Tonto	غبي	Ghabiyy
Topógrafo	توبوغرافي	Topográfí
Tornillo	لولب	Lawlab
Toro	ثور	Zaur
Torta	كعكة	Kaaka
Tos	سعال	Su-aál
Tostada	خبز محمر	Jubzs muham- mar
Trabajador	عامل	Aámil
Trabajar	عمل	Aamala
Traducir	ترجم	Tarýama
Traer	جلب	Ýalaba
Traje (hombre)	بذلة	Badhla

193

Traje (mujer)	فستان	*Fustán*
Tranquilo	ساكن	*Sákin*
Transferir	حول	*Hawwala*
Transfusión	نقل الدم	*Naqlud-dam*
Trapecio	مربع منحرف	*Murabbaa-munharif*
Tribunal	محكمة	*Mahkama*
Triste	حزين	*Hazsín*
Trolebús	ترولي	*Troli*
Tropical	استوائي	*Istiwá-i*
Tubería	أنبوب	*Unbúb*
Tumba	قبر	*Qabr*
Túnel	نفق	*Nafaq*
Turco	تركي	*Turki*

Ulcera	قرح	*Qorh*
Universitario	جامعي	*Yámi-ií*
Urbanidad	تمدين	*Tamdín*
Urbanización	تمدن	*Tamaddun*
Usado	مستعمل	*Musta-aa-mal*
Usar	استعمل	*Ista-aa-mala*
Util	مفيد	*Mufíd*
Uva	عنب	*Iinab*

Vaca	بقرة	*Baqara*
Vacaciones	عطلة	*Uutla*
Vacío	فارغ / فراغ	*Fárigh/Farágh*
Vacuna	تلقيح	*Talqíh*

Español	العربية	Transliteración
Vacunar	لقح	Laqqaha
Valiente	شجاع	Shuŷá-aa
Valioso	ثمين	Zamín
Válvula	صمام	Simám
Vapor	بخار	Bujár
Vaso	كاس	Kás
Vecino	جار / مجاور	Ŷár/muŷáwir
Velocidad	سرعة	Sur-aa
Vendaje	ضمادة	Dhamáda
Vendedor	بائع	Bá-ii
Vender	باع	Bá-aa
Veneno	سم	Summ
Ventana	نافذة	Náfida
Ventilador	مروحة	Mirwaha
Ver	رأى	Ra-á
Verdad	حق	Haqq
Verdadera-mente	حقا	Haqqan
Vestido	ثوب / فستان	Zawb/Fustán
Vinagre	خل	Jal
Visado	تأشيرة	Ta-ashíra
Visita	زيارة	Zsiyára
Viuda	أرملة	Armala
Vivir	سكن / عاش	Sakana/Aásha
Volante	مقود	Miqwad
Volar	طار	Tára
Volcar	انقلب	Inqalaba
Voltaje	فولطية	Voltiya
Volver	رجع	Raŷa-aa
Vomitar	تقيأ	Taqayya-a
Voz	صوت	Sawt

Vuelo	طيران / رحلة	*Tayarán/Rihla*
Vuelta	اياب	*Iyyáb*
Yacer	تمدد / وقع	*Tamaddada/ Waqa-aa*
Yarda	ياردة	*Yárda*
Yate	يخت	*Yajt*
Yegua	حجر (أنثى الخيل)	*Hiŷr/(Unzal-jayl)*
Yodo	يود	*Yúd*
Yunque	سندان	*Sindán*
Zafiro	لازورد / ياقوت أزرق	*Lázsawrad (yáqút azsraq)*
Zanahoria	جزر	*Ŷazsar*
Zapatilla	خف / شبشب	*Juff/Shibshib*
Zarpa	مخلب	*Mijlab*
Zarpar	خرجت السفينة	*Jaraŷatis-safína*
Zoológico	حديقة حيوان	*Hadíqat-hayawán*
Zorro	ثعلب	*Za-aalab*
Zurdo	أيسر	*Aysar*

١

أُوُورَا	Ahora	الآن	
اَلفَبِيطُو	Alfabeto	أبجدية	
أغُوخَا	Aguja	ابرة	
ايخُو	Hijo	ابن	
صُبرِينُو	Sobrino	ابن أخ	
صُبرِينُو	Sobrino	ابن أخت	
مِبلِيارِيُو	Mobiliario	أثاث	
اَلكِيلَارْ	Alquilar	استأجر	
اِتكِيلِينُو	Inquilino	مستأجر	
رِكِخِيرْ	Recoger	أخذ	
دُوصِصْ	Dosis	أخذة	
رِيمبُلصُو	Reembolso	تأدية (دفع)	
أُورِخَا	Oreja	أذن	
غَامبَا	Gamba	اربيان (جنبري)	
طبُوغرَفُو	Topógrafo	أراث	
		(طوبوغرافي)	
تِيَرَّا	Tierra	أرض	
سويلُو ، بيصُو	Suelo, piso	أرضية	
صُبتِرَّانِيُو	Subterráneo	تحارضي	
كُنِيخُو	Conejo	أرنب	
بُرُفِصُورْ	Profesor	أستاذ	
لِيُونْ	León	أسد	
دِصكُو	Disco	اسطوانة	

197

	Español	Árabe
لَيْنْدَا	Leyenda	أسطورة
رَاخِمَنْ	Sistema/Régimen	أسلوب / نظام
بِصَادُو	Visado	تأشيرة
أُرْثُنْطَالْ	Horizontal	أفقي
بْرُبِنْثِيَا	Provincia	اقليم
آسِغُرَارْ	Asegurar	أكد ، ضمن
ثِيَرْطُو	Cierto	أكيد
أُكْسِيخِنُو	Oxígeno	أكسجين
أُوكْسِيدُو	Oxido	أكسيد
كُمَارْ	Comer	أكل
كُمِيدَا	Comida	أكل ، طعام
انْسِسْتِيرْ	Insistir	ألح
دِيَمَنْطِي	Diamante	ألماس
دُلُورْ	Dolor	ألم
دِيُوصْ	Dios	اله
أَمِبْرَدُورْ	Emperador	امبراطور
مُخَارْ	Mujer	امرأة
مَنْدَارْ	Mandar	أمر
كُنْغْرِصُو	Congreso	مؤتمر
اسْبِرَنْثَا	Esperanza	أمل
دَسِنْغَنْيُو	Desengaño	خيبة أمل
كْرِيَارْ	Creer	آمن
دِبُوسِطُو	Depósito	أمانة
أَمْبْرَا	Hembra	أنثى
فَمِيلِيَا	Familia	أهل

198

بُورْطا	Puerta	باب
بُرْتِيرُو	Portero	بواب
دِسْبُطَارْ	Disputar	بارى
بَنْدَدُورْ	Vendedor	بائع
بَنْطا	Venta	بيع
كَطَالُغُو	Catálogo	بيان
تَتَبِيلَّا	Zapatilla	بابوج (خف)
بُسْكَارْ	Buscar	بحث
مَارْ	Mar	بحر
لاغُو	Lago	بحيرة
لَنْغُسْطا	Langosta	جراد بحري
بَابُورْ	Vapor	بخار
كِمِنْثَارْ	Comenzar	بدأ
طْرَاخِي	Traje	بدلة
كَمْبِيُو	Intercambio	مبادلة
بَرِثَارْ	Parecer	بدا ــ يبدو
إِنُثِنْتِي	Inocente	بريء
أَنُطْشِي	Anoche	البارحة
فْرِيُو	Frío	بارد
فْرِغْرِيفِكُو	Frigorífico	براد
كَرِّيُوسْ	Correos	بريد
كَرْتِيرُو	Cartero	ساعي بريد
بُثُونْ	Buzón	صندوق بريد
رِلاَمْبِغُو	Relámpago	برق
تَلَغْرَامَا	Telegrama	برقية

199

	Spanish	Arabic
اَلْفُمْبْرَا	Alfombra	بساط
فَاثِل	Fácil	بسيط
مُصْطَرَّدُورْ	Mostrador	مبسط سلعة
لِيَانُو	Llano	منبسط
صُنْرِيِّرْ	Sonreír	ابتسم
صُنْرِيصَا	Sonrisa	ابتسام
غَلِّيطَا	Galleta	بسكويت
أُمَانُو	Humano	بشري
مِصْيُونِيرُو	Misionero	مبشر
اِنْمِدْيَاطُو،	Inmediato	مباشر
دِرِكْطُو	Directo	
أُبْطِكُو	Optico	بصري
ثِبُلَّا	Cebolla	بصل
لَنْطُو	Lento	بطيء
بِيلَا	Pila	بطارية
اِيرُوِي	Héroe	بطل
اِنْبَلِدَاثْ	Invalidez	بطلان
فَلْصُو	Falso	باطل
دِمَنْصِيُونْ	Dimensión	بعد (سعة)
لِيخُوضْ	Lejos	بعيد
فِلَتِي	Filete	بفتيك
بَاكَا	Vaca	بقرة
بَرَخِيل	Perejil	بقدنوس
بَرْمَنَثِيرْ	Permanecer	بقي
تَمْبْرَانُو	Temprano	باكرا
تَمْبْرَانُو	Temprano	مبكر

200

	Español	Árabe
رِلِيُورَان	Llorar	بكى
رِلِيُورِكِيُو	Lloriqueo	تباك
مُخَادُو ، أُوِمَدُو	Mojado, húmedo	مبلول
دِصَغُوِي	Desagüe	بالوعة
نِينِيَا ، تشِيكَا	Niña, chica	بنت
صُبرِينَا	Sobrina	بنت أخ/أخت
مُتشاطشَا	Muchacha	بنية (صبية)
كُكَرَطشَا	Cucaracha	بنت وردان (حشرة)
رِمُلَطشَا	Remolacha	بنجر (لفت سكري)
بْرُوخُلَا	Brújula	بوصلة
بُووُو	Búho	بومة
كَاصَا	Casa	بيت

ت

	Español	Árabe
سِغِيرْ	Seguir	تبع
كُنتِنوَارْ	Continuar	تابع
طَبَاكُو	Tabaco	تبغ
بَاخَا	Paja	تبن
كُمِرْثِيُو ، ــ نغوثيو	Comercio, negocio	تجارة
أَبَاخُو ، دِبَاخُو	Abajo, debajo	تحت
صُوطَنُو	Sótano	تحت تربة

	Arena	تراب	آرِينَا
	Traducir	ترجم	طْرَدُثِير
	Dejar	ترك	دِخَار
	Turco	تركي	تُركُو
	Trolebús	ترولي	طْرِلِيبُوسْ
	Manzana	تفاح	مَنْثَانَا
	Sidra	خمر التفاح	سِدْرَا
	Completo	تام	كُمْبْلِطُو
	Incompleto	غير تام	اِنْكُمْبْلِطُو
	Enaguas	تنورة داخلية	أَنَغُوَاسْ
	Penitencia	توبة	بَنِتَنْثِيَا
	Higo	تين	اِيغُو
	Laberinto	متاهة	لَبَرِنْطُو

ث

	Fijo	ثابت	فِيخُو
	Espeso	ثخين	أَسْبَصُو
	Zorro	ثعلب	ثُرُّو
	Agujero	ثقب	أَغِخِيرُو
	Nieve, hielo	ثلج	نْيَابِي ، اِيلُو
	Nevera	ثلاجة	نِبِيرا
	Helado	مثلوجة	اِلَادُو
		(جلاس ، بوظة)	
	Precio	ثمن	بْرَثِيُو
	Valioso	ثمين	بَلْيُوصُو

	Doble/Dúo	ثنائي
دُبْلِي / أكْشَبْتْوارْ	Exceptuar	استثنى
أكْشَنْبْطُو	Excepto	باستثناء
رُبّا	Ropa	ثوب
طورُو	Toro	ثور
اِرِّطارْ	Irritar	أثار
أخُو	Ajo	ثوم

ج

	Galón	جالون
غَلُونْ	Jamón	جانبون (لحم
خَامُونْ		خنزير مجفف)
مُنْطَنْيَا ، مُنْتِي	Montaña, monte	جبل
آبْوِيلُو	Abuelo	جد
آبْوِيلَا	Abuela	جدة
نُوِيبُو	Nuevo	جديد
دِسْبُطارْ	Disputar	جادل
كَطالُغُو	Catálogo	جدول
غَلاكْسِيَا	Galaxia	مجرة
بْرُبَارْ	Probar	جرب
بُلْصُو	Bolso	جراب
اِنْبَنْطارِيُو	Inventario	جرد تجاري
لَنْغُصْطا	Langosta	جراد بحري
دِيَارِيُو	Diario	جريدة

203

	Rata	جرذ
رَاطَا	Herida	جرح
أَرِيدَا	Cirujano	جراح
ثِرُخَانُو	Campana	جرس
كَمْبَانَا	Dósis/Trago	جرعة
دُوصِص	Criminal	مجرم
كْرِمِنَال	Honorario	جراية
أَنْرَارِيُو	Detalle	تجزئة
دِطَالِّي	Molécula	جزيئة
مِلِيكُلَا	Zanahoria	جزر
ثَنَارِيَا	Isla	جزيرة
اِصْلَا	Cerveza	جعة (بيرة)
ثَرْبَثَا	Geografía	جغرافيا
خِيغْرَفِيَا	Secar	جفف
سِكَار	Seco	جاف
سِكُو	Bolígrafo	قلم جاف
بُلِيغْرَفُو	Cuero	جلد
كُوِيرُو	Revista	مجلة
رِبِصْطَا	Traer	جلب
طْرَايِير	Congreso	مجلس نواب
كُنْغْرِصُو	Obvio	جلي
أُبْيُو	Gamba	جمبري
غَمْبَا	Sólido	جامد
صُولِدُو	Congelado	مجمد
كُنْخِلَادُو	Aduana	جمارك
أَدْوَانَا	Unir, sumar	جمع
أُنِيرْ ، سُمَارْ		

	Español	العربية
غْرُوبُو	Grupo	جماعة
كُمْبَنِيَا	Compañía	جمعية
رِينِيُونْ	Reunión	اجتماع
أَكَدِيمِيَا	Academia	مجمع
دَنْطَدُورَا	Dentadura	مجموعة الأسنان
بَلِّيسَا	Belleza	جمال
بَلِّيُو ، غْوَابُو	Bello, guapo	جميل
لَكُو	Loco	مجنون
أَكَسْطْرَنْخِيرُو	Extranjero	أجنبي
آلَ	Ala	جناح
صُلْدَادُو	Soldado	جندي
أَمُونِمُو	Homónimo	مجانس
أَنْتِيرُو	Entierro	جنازة
لِبْرَا	Libra	جنيه
دِسْبِنِبْلِي	Disponible	جاهز
أَكِبُو	Equipo	تجهيزات
إِنْفِيرْنُو	Infierno	جهنم
كَنْتَسْطَارْ	Contestar	أجاب
رَسْبُوسْطَا	Respuesta	جواب ، اجابة
بَثِينُو	Vecino	جار ، مجاور
بَصَبُرْتِي	Pasaporte	جواز سفر
نُوِثْ	Nuez	جوزة
كْرُثَارْ	Cruzar	اجتاز
بْرِمْيُو	Premio	جائزة
أَمْبْرِي	Hambre	جوع

205

	Bahía	جون (خليج صغير)
بَايِيَا		
خُوبَّا	Joya	جوهرة
خُوبِيرُو	Joyero	جواهري
بُلْسِلْيُو	Bolsillo	جيب
أَخَارْضِطُو	Ejército	جيش

ح

آمَارْ	Amar	أحب
أَمُورْ	Amor	الحب
أَغْرَدَابْلِي	Agradable	مستحب
غْرَانُو	Grano	حبة (نبات)
بَصْطِلْيَا ،	Pastilla	حبة
	píldora	
بِلْدْرَا	Tinta	حبر
تِنْطَا	Pluma	قلم حبر
بْلُومَا	Cuerda	حبل
كُوِيرْدَا	Ujier	حاجب
اخْتَارْ	Peregrino	حاج
بَرْغْرِينُو	Razón	حجة
رَثُونْ	Piedra	حجر
بِيَادْرَا	Yegua	حجر (أنثى الخيل)
يَغْوَا		
أَغُودُو	Agudo	حاد
لِيمِطِي	Límite	حد

206

	Luto	حداد
لُوطُو	Luto	حداد
ايّرّو	Hierro	حديد
اكْذِنْتِي	Accidente	حادث
نبِدَادْ	Novedad	حداثة
كُنْبِرْصَثِيُونْ	Conversación	حديث
كُنْبِرْصَثِيُونْ	Conversación	محادثة
خَرْدِينْ	Jardín	حديقة
ثُوأُو ، ثُوأُولُوجِكُو	Zoo, zoológico	حديقة حيوان
لِيبْرِي ، دِسْبُنِبْلِي	Libre, disponible	حر
لِبِرْطَادْ	Libertad	حرية
كَلِيِنْتِي	Caliente	حار
كَلُورْ ، فِيبْرِي	Calor, fiebre	حرارة
تِرْمُومِطْرُو	Termómetro	محر (ميزان حرارة)
اُبْتِنَارْ	Obtener	أحرز
غُوَرْدَارْ	Guardar	حرس
كُنْصُنَنْتِي	Consonante	حرف صامت
الْفَبِطُو	Alfabeto	حروف هجاء
كِيمَارْ	Quemar	حرق
بَنْيُولُو	Pañuelo	محرمة (منديل)
سِيدَا	Seda	حرير
ثِنْتُرُونْ	Cinturón	حزام
تْرِيسْتِي	Triste	حزين
طَكْطُو	Tacto	حصافة
اُبْتِنَارْ	Obtener	تحصل

207

	Español	Árabe
كَبَيُّو	Caballo	حصان
كِنْطَارْ	Contar	أحصى
غِرُّو	Guijarro	حصاة
كَنْفِرِنْثِيا	Conferencia	محاضرة
غَسُّولِنِيرا	Gasolinera	محطة بنزين
سُورْتِي	Suerte	حظ
أَفُرْتُنادامِنْتِي	Afortunada-mente	لحسن الحظ
دِصَفُرْتُنادُو	Desafortu-nado	منكور الحظ
صُبَّا	Sopa	حساء
لَمِنْطَارْ	Lamentar	تحسر
غْوَابُو	Elegante/Guapo	حسن الهيئة
إِنْسِكْطُو	Insecto	حشرة
كُكَرَطْشا	Cucaracha	بنت وردان (حشرة)
كُلْطَشُونْ	Colchón	حشية
فِيَسْطَا	Fiesta	حفلة
مَلِطَا	Maleta	حقيبة
بُلْصُو	Bolso	حقيبة صغيرة
مُطْشِيلَّا	Mochila	حقيبة الظهر
نَثِيسِيرْ	Neceser	حقيبة وسائل الزينة
مَلِتِينْ	Maletín	حقيبة يد
دِرِطْشُوصْ	Derechos	حقوق
إِنْبِسْتِغَارْ	Investigar	حقق
بِرْدَادْ	Verdad	حقيقة

208

	Español	Árabe
بَرْدَدِيرَمَنْتِي	Verdaderamente	حقيقة
انْيِكْثِيُون	Inyección	حقنة
أَرْبِترُو	Arbitro	حكم
خْويثِيُو	Juicio	حكم
غِبِيرْنُو	Gobierno	حكومة
تْرِبْنَالْ ، خُثْغَادُو	Tribunal, juzgado	محكمة
صَابِيُو	Sabio	حكيم
أَفِيطَارْ	Afeitar	حلق الذقن
غَرْغَنْطَا	Garganta	حلق
دِصَطَارْ	Desatar	حل الرباط
دِسْكَمْبُوسْطُو	Descompuesto	محلل
كَرْكُول	Caracol	حلزون
لِتْشِي	Leche	حليب
دُلْثِي	Dulce	حلو
بُرُّو	Burro	حمار
بَلُومَا	Paloma	حمامة
سُوغْرَا	Suegra	حماة
أَغْرِيُو	Agrio	حامض
أَفِثْيُونَادُو	Aficionado	متحمس
نِثْيُو	Necio	أحمق
دِصْبَرَاطِي	Disparate	حماقة
لِيبَارْ	Llevar	حمل
كَرْغَا	Carga	حمولة
صُصْتَانْ	Sostén	حمامة النهدين

209

	Español	Árabe
بَنْيَارْ	Bañar	استحم
اَبْغَادُو	Abogado	محامي
غْرِيفُو	Grifo	حنفية
نَسِسِطَارْ	Necesitar	احتاج
نَسِسِدَادْ	Necesidad	حاجة
بَرِيدْ	Pared	حائط
اُنِّينُو	Oceáno	محيط
طْرَنْسْفِرِيرْ	Transferir	حول
اِنْتَنْتَارْ	Intentar	حاول
اَلْرِيدِدُورْ	Alrededor	حول
رُمْبَاوْلَصْ	Rompeolas	حائل أمواج
كُنْتِنِيرْ	Contener	احتوى
بِيبُو	Vivo	حي
بَارِّيُو	Barrio	حي (مدينة)
كُلِّبْرَا	Culebra	حية
صَلُودُو	Saludo	تحية

خ

	Español	Árabe
كُنْطَارْ	Contar	أخبر
نُطِطِيَاصْ	Noticias	أخبار
رِبُّرْتِرُو	Reportero	مخبر صحفي
بَانْ	Pan	خبز
طُصْطَادَا	Tostada	خبز محمر
اَنِلُّو	Anillo	خاتم
تِيمِيدُو	Tímido	خجول

210

	Español	العربية
اَبِرْغُنْثادُو	Avergonzado	مخجل
رَصْغُونْيُو	Rasguño	خدش
اَنْغانْيُو	Engaño	خدعة
مُطْشاطْشُو	Muchacho	خادم
كْريادا	Criada	خادمة
رُوينا	Ruina	خراب
مُصْطاثا	Mostaza	خردل
صالير	Salir	خرج
صَكارْ	Sacar	أخرج
بُرْثِلانا	Porcelana	خزف
الْمَثِين	Almacén	مخزن
دِبُوصِطُو	Depósito	خزان
اَرُورْ	Error	خطأ
اَكِبُكادُو	Equivocado	مخطىء
كَرْطا	Carta	خطاب
نُبْيا	Novia	خطيبة
بِلِغْرُو	Peligro	خطر
اَسْبِثْيال	Especial	خاص
لِتْشُوغا	Lechuga	خس
مَدِيرا	Madera	خشب
اَسْثِناريُو	Escenario	خشبة المسرح
غَلِيطا	Galleta	خشكنان
		(بسكويت)
اَصبِرُو	Aspero	خشن
ثَبَطِلْيا	Zapatilla	خف
لِخارُو	Ligero	خفيف

211

غُورْدَارْ	Guardar	خفر
دَسْكُوِنْطُو	Descuento	تخفيض
رَدُكْثِيُونْ	Reducción	انخفاض
بِنَاغْرِي	Vinagre	خل
ثَرْبَا	Zarpa	مخلب
مِثكْلَادُو	Mezclado	مخلط
بَطِدُورَا	Batidora	خلاطة
كِطَارْ	Quitar	خلع
دِفَرَنْثِيَا	Diferencia	اختلاف
دِفَرَنْتِي	Diferente	مختلف
أَمُرْطِغُوَدُورْ	Amortiguador	مخمد (صوت
		أو صدم
تَرْثِيبَلُو	Terciopelo	مخمل
ثَرْدُو	Cerdo	خنزير
مِيَادُو	Miedo	خوف
أَصُصْطَارْ	Asustar	أخاف
دِسِنْغَانْيُو	Desengaño	خيبة أمل
الَكْثِيُونْ	Elección	اختيار
كَسِيرْ	Coser	خاط
سَصْتْرِي	Sastre	خياط
اِمَخِنَثِيُونْ	Imaginación	تخيل ، مخيلة
أَكَمْبَارْ	Acampar	خيم
تِيَانْدَا	Tienda	خيمة

دب	Oso	أصو
دبوس	Alfiler	الفلار
دجاج	Pollo	بليو
دجاجة	Gallina	غلّينا
داخل	Dentro	دنطرو
دخن	Fumar	فمار
دخان	Humo	أومو
درج	Escalera	اسكيليرا
درج	Cajón	كخون
دراجة	Bicicleta	بتكلطا
مدرج	Incluido	انكلويدو
درس	Estudiar	استديار
درس	Lección	لكثيون
دراسة	Estudio	استوديو
مدرسة	Escuela	اسكويلا
ادراك	Razón	رثون
دفع	Empujar	أمبخار
دق (الباب)	Llamar	ليامار
دكان	Tienda	تياندا
دكتور	Doctor	دكطور
دل	Enseñar	انسنيار
دليل	Guía	غِيا
دم	Sangre	سنغري
دماغ	Cerebro	ثربرو
دملج	Pulsera	بلسيرا

213

	Muñeca	دمية
مُنْيَاكَا		
إِنْكَاخِي	Encaje	دنتلا (تخريم)
ثِيرْكُلُو	Círculo	دائرة
دِرِخِير	Dirigir	أدار
خِرِنْتِي	Gerente	مدير (وكيل)
مَنِيبِلا	Manivela	مدورد (للمحرك)
بَطْرُيْة	Patrulla	دورية (حراسة)
سِيَمْبْرِي	Siempre	دائما
رُوِيْدَا	Rueda	دولاب (عجلة)
غَلِيُو	Gallo	ديك
دَوْدَا	Deuda	دين
دِمُكْرَاثِيَا	Democracia	ديمقراطية

ذ

	Lobo	ذئب
لُوبُو		
مُصْكَا	Mosca	ذبابة
مَيِثْ	Maíz	ذرة
أُبِذِيَنْثِيا	Obediencia	اذعان
رِكُرْدَارْ	Recordar	ذكر
رِكُورْدُو	Recuerdo	تذكار ، ذكرى
إِنْتِلِخِنْتِي	Inteligente	ذكي
كُلْبَا	Culpa	ذنب
رَيرْ	Ir	ذهب
أُورُو	Oro	ذهب

214

صَيبْيَار	Saborear	ذاق
غُصطُو	Gusto	ذوق
لكطُور	Locutor	مذيع
كُولا	Cola	ذيل

ر

كِبْثا	Cabeza	رأس
الْكَلْدِي	Alcalde	رئيس بلدية
بُلْمُون	Pulmón	رئة
تومُونِيَا	Neumonía	النهاب الرئة
بَارْ	Ver	رأى
بَنِفِيثِيُو	Beneficio	ربح
مَدِيخَا	Madeja	ربطة خيوط
لِيغا	Liga	ربطة ساق
كُرْبَاطا	Corbata	ربطة عنق
دِصَطَارْ	Desatar	حل الرباط
كُودْرَادُو	Cuadrado	مربع
طْرِبِيثِيُو	Trapecio	مربع منحرف
بْرِمَيْيرا	Primavera	ربيع
أنْرَارِيُو	Honorario	راتب
خِرَرْكِيَا	Jerarquía	مرتبة
بُلْبِير	Volver	رجع
أُمْبْرِي	Hombre	رجل
أُمْبْرِي دِ نِغُوثْيُوص	Hombre de negocios	رجل أعمال
بِيَطُون	Peatón	راجل

215

اكسكرسيون	Excursión	رحلة
مارمل	Mármol	رخام
لثنثيا	Licencia	رخصة
فلوخو	Flojo	مرتخ
باكيتي	Paquete	رزمة
بلومو	Plomo	رصاص
لابث	Lápiz	قلم رصاص
أبسرباطوريو	Observatorio	مرصد
اثيرا	Acera	رصيف
مويلي	Muelle	رصيف (ميناء)
نيني	Nene	رضيع
فيخو	Fijo	راسخ
انبيار	Enviar	أرسل
كرطا	Carta	رسالة
ديبوخار	Dibujar	رسم
بنتورا	Pintura	رسم
دوتشا	Ducha	رشاشة (دوش)
ريوصار	Rehusar	رفض
ايثار	Izar	رفع
ألطو	Alto	مرتفع
اكمبنيار	Acompañar	رافق
كمبنيا	Compañía	رفقة
كمديداد	Comodidad	رفاهية
بخلار	Vigilar	راقب
اكسطارسي	Acostarse	رقد
بايلار	Bailar	رقص

216

	Spanish	Arabic
بَايْلِي	Baile	رقص
بَايْلِي ، دِسْكُتِيكَا	Baile, discoteca	مرقص
أَتِيكِيطَا	Etiqueta	رقعة (علامة)
مَطْرِيكْلاَ	Matrícula	رقم تسجيل
أَمْبَرْكَارْ	Embarcar	ركب (السفينة ، الطائرة)
أَمْبَرْكَارْ	Embarcar	أركب
أَسْتْرِيبُو	Estribo	ركاب (الفارس)
رُدِيلْيَا	Rodilla	ركبة
كُمِصَرِيَا	Comisaría	مركز الشرطة
بِيُّودَا	Viuda	أرملة
تِرَارْ	Tirar	رمى
كْرِيمَا	Crema	مرهم
كُمُدِّدَادْ	Comodidad	راحة (رفاهية)
دِسْكَنْصُو	Descanso	استراحة
أَبَنِيكُو	Abanico	مروحة
رُوسِيَا	Rusia	روسيا
مَغْنِيفِكُو	Magnífico	رائع
بَصِيلْيُو	Pasillo	رواق
نُبِيلاَ	Novela	رواية
كَمْبُو	Campo	ريف

ز

آيَا	Haya	زان (شجرة)
مَنْطِكِيلْيَا	Mantequilla	زبدة

217

	Cristal	زجاج
كرسطال	Botella	زجاجة
بُطِلَيْا	Botón	زر
بُطُون	Molestar	أزعج
مُلَسْطَارْ	Chillido	زعقة
تشِلِّيدُو	Catarro	زكام
كَطَرُّو	Resbaladizo	زالق
رَسْبَلَدِيتُو	Esmeralda	زمرد
اِسْمِرَلْدَا	Flor	زهرة
فْلُورْ	Tormenta	زوبعة
طُرْمِنْطَا	Pareja	زوج (اثنين)
بَرِيخَا	Casado	متزوج
كَصَادُو	Doble	مزدوج
دُوبْلِي	Visita	زيارة
سِبِطَا	Desengaño	زوال الوهم
دَسِنْغَانْيُو	Quitamanchas	مزيل البقع
كِيطَامَانْطْشَاصْ	Esquina	زاوية
اَسْكِينَا	Modista	مصمم أزياء
مُدِيصْطَا	Aceite	زيت
أَثِثْئِي	Aceitunas	زيتون
اَثِيْتُونَصْ	Falso	مزيف
فَلْصُو	Gala	زيذة ، حفلة
غَالَا		

س

	Asunto	مسألة
اَصُنْطُو	Responsabi-lidad	مسؤولية
رِسْبُنْصَبِيلِدَادْ		

218

Pronunciación	Español	العربية
مَنْدِيغُو	Mendigo	متسول
نَادَارْ	Nadar	سبح
بِسْثِينَا	Piscina	مسبح
سِمَانَا	Semana	أسبوع
أَنْطِرْيُورْ	Anterior	سابق
طْشَكِيطَا	Chaqueta	سترة
مِثْكِيطَا	Mezquita	مسجد
كَارْثِلْ	Cárcel	سجن
بْرِسْيُونِيرُو	Prisionero	سجين
نُوبِسْ	Nubes	سحاب
بَرَاغْوَاصْ	Paraguas	سحابة (مظلة)
كُصْطَا	Costa	ساحل
أُرْكِيدِيَا	Orquídea	سحلبية (زهرة)
اِرُنِيَا	Ironía	سخرية
كَلِيَنْتِي	Caliente	سخن
كَلِنْطَارْ	Calentar	سخن
دِرِخِيرْ	Dirigir	سدد (وجه)
بِصْطُولَا	Pistola	مسدس
سِكْرِيطُو	Secreto	سري
سِلْيَا دِ مُنْطَارْ	Silla de montar	سرج
كَامَا	Cama	سرير
كَنْغْرِيخُو	Cangrejo	سرطان (حيوان بحري)
كَانْثِرْ	Cáncer	سرطان (مرض)
بِلُوثِدَادْ	Velocidad	سرعة

219

	Español	Árabe
آكِسْبْرِصُو	Expreso	سريع
لَدْرُون	Ladrón	سارق
بَنْطَلُون	Pantalón	سروال
بْراغا	Braga	سروال نساء
تِخادُو	Tejado	سطح
فِلِيث	Feliz	سعيد
أيُدارْ	Ayudar	ساعد
طُوص	Tos	سعال
كَرْتِيرُو	Cartero	ساعي بريد
كَايِيرْ	Caer	سقط
أرُويُو	Arroyo	ساقية
نِيمِسْماطِكا	Numismática	علم المسكوكات
أسْكِيسْ	Escocés	سكتلندي
بِيبِيرْ ، مُورارْ	Vivir, morar	سكن
أبِطَنْطِي	Habitante	ساكن
الخِمِينْطُو	Alojamiento	سكنى
كُتشِيلِّيُو	Cuchillo	سكين
أرْمَا دِ فْوِيغُو	Arma de fuego	سلاح ناري
أوطُورِدادْ ، بُودِيرْ	Autoridad, poder	سلطة
كابْلِي	Cable	سلك
الأمْبْرِي	Alambre	سلك حديد
باث	Paz	سلام
أنْتْرِغارْ	Entregar	سلم
رِثِيبِيرْ	Recibir	تسلم
دِبَرْتِيرْسِي	Divertirse	تسلى

220

ردشطركثيون	Distracción	تسلية
بنينو	Veneno	سم
ثيالو	Cielo	سماء
برْنثيادو	Bronceado	اسمرار
مَنْطيل	Mantel	سماط
أيير	Oir	سمع
أسكطشار	Escuchar	استمع
بسكادو	Pescado	سمك
تبرون	Tiburón	سمك قرش
انغرْدار	Engordar	سمن
غرْدو	Gordo	سمين
دينتي	Diente	سن
دوكمَنطو	Documento	مستند
ينكي	Yunque	سندان
فاثيل	Fácil	سهل (بسيط)
فاثيلداد	Facilidad	سهولة
لكْصَنطي	Laxante	مسهل
ديرّيا	Diarrea	اسهال
بْلاثا	Plaza	ساحة
بُلْسيرا	Pulsera	سوار
كنْدثير	Conducir	ساق
بيرْنا	Pierna	ساق
مرْكادو	Mercado	سوق
سويكو	Sueco	سويدي
سويثو	Suizo	سويسري
اغوال	Igual	متساوي

221

	Español	العربية
دِسغْوَالْ	Desigual	غير متساوي
طْرُبِّكَالْ	Tropical	استوائي
مَالُو	Malo	سيء
اِنْدِخِسْطِيُونْ	Indigestión	سوء هضم
سِنْيُورْ	Señor	سيد
كَبَلِّيرُو	Caballero	سيد فاضل
دَامَا	Dama	سيدة
اَمْبُولَنْثِيَا	Ambulancia	سيارة اسعاف
اِسْبَادَا	Espada	سيف
رَايُصْ اَكِسْ	Rayos X	أشعة سينية

ش

اَصْنْطُو	Asunto	شأن
خُوبِنْ	Joven	شاب
فَنْطَصْمَا	Fantasma	شبح
رَدْ	Red	شبكة
اِمْبِرْدِيبْلِي، غْرَابَا	Imperdible, grapa	مشبك
اَرْبِلْ	Arbol	شجرة
بَلِيِنْتِي	Valiente	شجاع
بَالِّدُو	Pálido	شاحب
مِنْدِيغُو	Mendigo	شحاذ
غْرَاصَا	Grasa	شحم
فْلَاتِي	Flete	شحن (السفينة)
كَمِيُونْ	Camión	شاحنة

222

	Intenso	شديد
انتنصو	Mal	شر
مال	Beber	شرب
بيبير	Bigote	شارب
بيغوطي	Limonada	شراب ليمون
ليمونادا	Licor	مشروب روحي
ليكور	Explicar	شرح
اكسبليكار	Condición	شرط
كنديثيون	Policía	شرطة
بليثيا	Comisaría	مركز شرطة
كوميصريا	Ilegal	غير شرعي
والغال	Honrado	شريف
انرادو	Balcón	شرفة
بلكون	Amanecer	شروق
امنيثر	Compañía	شركة
كمبنييا	Bahía	شرم (خليج صغير)
بابيا		
كمبرار	Comprar	اشترى
بلايا	Playa	شاطىء
ديابلو	Diablo	شيطان
بيلو	Pelo	شعر
طشمبو	Champú	شامبو
انثنديدور	Encendedor	مشعل
بخيا	Bujía	شمعة اشعال
رايص اكس	Rayos X	أشعة سينية
رديكطبداد	Radiactividad	اشعاعية

223

	Labio	شفة
لابيو	Hospital	مستشفى
أصبيطال	Rubio	أشقر
روبيو	Agradecer	شكر
أغرذثير	Oler	شم
أولير	Champaña	شمبانيا
طشمبانيا	Sol	شمس
صُل	Lacre	شمع أحمر
لاكري	Común	شامل
كمُون	Norte	شمال
نُرطِي	Publicidad	اشهار
بُبليثِداد	Espina	شوك
آسبينا	Chocolate	شوكولاطا
طشكلاطِي	Asado	شواء
آصادو	Cosa	شيء
كُوصا	Algo	شيء ما ٠٠
ألغو	Objeto	شيء محسوس
أبجيطو	Nada	لا شيء
نادا	Comunista	شيوعي
كمُنِصطا		

ص

	Lámpara	مصباح
لامبَرا	Dedo	أصبع
ديدو	Teñir	صبغ
تنيِّر	Jabón	صابون
خابُون		

224

	Spanish	Arabic
مطشاطشو	Muchacho	صبي
صلّود	Salud	صحة
ثيارطو	Cierto	صحيح
كمپنيّا	Compañía	صحبة
دِسِيرطو	Desierto	صحراء
باطيو	Patio	صحن البيت
رِپُرتِرو	Reportero	مخبر صحفي
دِياريو	Diario	صحيفة
روكا	Roca	صخرة
أكسپرطار	Exportar	صدر
صلبيداص	Salvavidas	صدرية نجاة
طشليكو	Chaleco	صدرة (جيلي)
ناكر	Nácar	صدف
نكرادو	Nacarado	صدفي
أميغو	Amigo	صديق
نوبيّا	Amiga/Novia	صديقة (حب)
سِنثارو	Sincero	صريح
غريطار	Gritar	صرخ
غريطو	Grito	صراخ
غصطار	Gastar	صرف
كمبيو	Cambio	صرف
غصطوص	Gastos	مصاريف
دِفِثيل	Difícil	صعب
أصِنصور	Ascensor	مصعد
رايو	Rayo	صاعقة
بكنيو	Pequeño	صغير

Arabic (pronunciation)	Spanish	Arabic
باخِنا	Página	صفحة
آمَرِيلُّو	Amarillo	أصفر
تِياصُو	Tieso	متصلب
كْرُوثْ	Cruz	صليب
كْرُوثْ رُوخَا	Cruz Roja	صليب أحمر
سَرْبِيرْ	Servir	صلح
رِكُنْثِلِيارْ	Reconciliar	صالح
رِبَرَارْ	Reparar	أصلح
صَالْصَا	Salsa	صلصة
أُرَاثِيُونْ	Oración	صلاة
كَبِيلْيَا	Capilla	مصلى
سِلِنْثِيُو	Silencio	صمت
كُنْصُنَنْتِي	Consonante	حرف صامت
بالْبُولَا	Válvula	صمام
مُدِيصْطَا	Modista	مصمم أزياء
غْرِيفُو	Grifo	صنبور
فَابْرِكَا	Fábrica	مصنع
أَرْتِفِثْيَالْ	Artificial	اصطناعي
كَاخَا ، بَاوُولْ	Caja, baúl	صندوق
بُوثُونْ	Buzón	صندوق بريد
بُطِكِين	Botiquín	صندوق الاسعاف الأول
صُنِيدُو ، بُوثْ	Sonido, voz	صوت
دِبُخَارْ	Dibujar	صور
كُوَادْرُو ، رِتْرَاطُو	Cuadro, retrato, Foto	صورة

226

	Orfebre	صائغ
اُوْرْفَبْرِي	Orfebre	صائغ
فُورْمُلاً	Fórmula	صيغة
لآنَا	Lana	صوف
غُوَرْدَارْ	Guardar	صان
دَسْغْرَاثِيَا	Desgracia	مصيبة
كَاثَا	Caza	صيد بري
بَسْكَا	Pesca	صيد بحري
فَرْمَاثِيَا	Farmacia	صيدلية

ض

رنِيَابْلاً	Niebla	ضباب
رَبِيرْ	Reír	ضحك
كُوِيكُو ، دِبَرْتِيدُو	Cómico, divertido	مضحك
أبُوسْتُو	Opuesto	ضد
غُلْبَارْ	Golpear	ضرب
مَكَنُوغْرَفُو	Mecanógrafo	ضارب على الآلة الكاتبة
غُلْبِي	Golpe	ضربة
وَلْغَا	Huelga	اضراب
كَنْفُوصُو	Confuso	مضطرب
سَهُلْكْرُو ، مَاوْصُلِيُو	Sepulcro, mausoleo	ضريح
دَانِيُو	Daño	ضرر
تَنَسِيدَادْ	Necesidad	ضرورة

227

	Español	Árabe
مُوِيلا	Muela	ضرس
دَابِل	Débil	ضعيف
دُبْلِي	Doble	مضاعف
رَانَا	Rana	ضفدعة
كُصْطِيلِيَا	Costilla	ضلع
بِنْدَاخِي	Vendaje	ضمادة
غَرَنْطِثَادُو	Garantizado	مضمون
بَرْدِيدُو	Perdido	ضائع
أُصْبِطَالِدَادْ	Hospitalidad	ضيافة
أَسْتْرَكْطْشُو	Estrecho	ضيق
إِنْكُومُدُو	Incómodo	متضايق
رُوِيدُو	Ruido	ضوضاء
لُوثْ	Luz	ضوء
اَنْثَنْدَارْ لَا لُوثْ	Encender la luz, Iluminar	أضاء
انثندار لا لوث		

ط

مَدِثِينَا	Medicina	طب
غِيصَارْ	Guisar	طبخ
سَلْيُو	Sello	طابع
نَطُرَلِيثَا	Naturaleza	طبيعة
بِيصُو	Piso	طابق
اِدْنْتِفِكِثِيُونْ	Identificación	تطابق
دَسْبْدِيرْ ، أَطْشَارْ	Despedir, echar	طرد

	Español	Árabe
مَرْطِلِّيُو	Martillo	مطرقة
رُوطا	Ruta	طريق
غُصْطُو ، صَبُورْ	Gusto, sabor	طعم
ثَنِثَارُو	Cenicero	طقطوقة
بَدِيرْ ، لَيَامَارْ	Pedir, llamar	طلب
اَسْتُدِيانْتِي	Estudiante	طالب
دِبُرْثِيُو	Divorcio	طلاق
دِسْبَارُو	Disparo	طلقة نارية
صُلْطَارْ	Soltar	أطلق
اَبْصُلُوطُو	Absoluto	مطلق
اَبْصُلُوطَمَنْتِي	Absolutamente	مطلقا
دِصَرُّلْيَارْ	Desarrollar	طور
اُبِدِيَنْثِيا	Obediencia	طاعة
1 لَا اُرْدِينْ	A la orden	سمعا وطاعة
اَنَرْخِيَّا	Energía	طاقة
بُولَارْ	Volar	طار
بَاخَارُو	Pájaro	طائر
بُويِلُو	Vuelo	طيران
كُلْيَارْ	Collar	طوق

ظ

صُمْبْرَا	Sombra	ظل
اُسْكُورُو	Oscuro	مظلم
كْرِيَارْ	Creer	ظن

229

كَرُوثَار	Cruzar	عبر	
كَنْسِيدِرَار	Considerar	اعتبر	
غُضْطَار	Gustar	أعجب	
آفْثِيوْنَادُو	Admirador	معجب	
أَدْمِيرَثْيُون	Admiración	استعجاب	
أَدْمِيرَثْيُون	Admiración	تعجب	
كَنْطَار	Contar	عد	
أَكِيبُو	Equipo	عدة	
دِسْبُوسَطُو	Dispuesto	مستعد	
خُسْطُو	Justo	عادل	
إِنْخُسْطُو	Injusto	غير عادل	
خُسْتِيثْيَا	Justicia	عدالة	
إِنْكَلُورُو	Incoloro	عديم اللون	
مِنْرَال	Mineral	معدن	
أَنِيمِغُو	Enemigo	عدو	
كَنْطَخِيوصُو	Contagioso	معد	
أَكْسْكُوصَار	Excusar	عذر	
أَكْسْكُوصَا	Excusa	عذر	
نُبْثْيَال	Nupcial	عرسي	
أَكْسْبُسِثْيُون	Exposición	عرض	
رَانْثِدَنْتِي	Accidental	عرضي	
أَنَبْرُو	Enebro	عرعر	
صَايِير	Saber	عرف	
سُودُور	Sudor	عرق	
بَطَلِّيَا	Batalla	معركة	

230

	Ojal	عروة الزر
أوخَالْ	Ojal	عروة الزر
دَسْنُودُو	Desnudo	عار
كِيطَارْ	Quitar	عزل
أكَمْبَارْ	Acampar	عسكر
أخَارْثِطُو	Ejército	عسكر
مِيَالْ	Miel	عسل
رَايَرْبَا	Hierba	عشب
ثِينَا	Cena	عشاء
نَرْبِيُو	Nervio	عصب
بِنْدَاخِي	Vendaje	عصابة (ضمادة)
ثُومُو	Zumo	عصير
أُرَكَانْ	Huracán	اعصار
بُرَصْكَا	Borrasca	عاصفة
بَاخَرُو	Pájaro	عصفور
بَالُو	Palo	عصا
مُرْدِيرْ	Morder	عض
مُرْدِصْكُو	Mordisco	عضة
مُوسْكُلُو	Músculo	عضلة
أُرْغَنُو	Organo	عضو
أَبَرِيَا	Avería	عطب
أَبَرِيَا	Avería	عطل
بَكَاثِيُونْ	Vacación	عطلة
أَبْرِيغُو	Abrigo	معطف
أفِكْتُووُصُو	Afectuoso	عطوف
سِمْبَطِيَا	Simpatía	تعاطف
وُصُو	Hueso	عظم

عقب	Talón	طَلُون
عقبة	Escollo	اَشْكَلُّو
عاقب	Castigar	كَسْطِغَار
مفتاح علب	Abrelatas	اَبْرِلاطَصْ
علاقة ملابس	Percha	بِرْطْشا
تعلق بـ ٠٠	Depender	دِبِنْدِير
يتعلق	Depende	دِبِنْدِي
علكة	Chicle	تْشِيكْلِي
علم	Ciencia	ثْيانْثْيا
علم المداواة	Terapéutica	وتِرَباوْتِكَا
علم المسكوكات	Numismática	نُمِصْماطِكَا
معلوم (في النحو)	Activo	اَكْطِيبُو
علّم	Enseñar	اَنْسِنْيَارْ
معلم	Maestro	مَيِسْطْرُو
تعلم	Aprender	اَبْرِنْدَارْ
استعمل	Usar	اَصَارْ
استعمال	Uso	اُوصُو
مستعمل	Usado	اُصَادُو
أعلن	Anunciar	اَنْثْيَارْ
اعلان	Anuncio	اَنْثْيُو
معلن	Locutor	لَكُطُورْ
عمر	Edad	اِدَادْ
عميق	Profundo	بْرُفُنْدُو
عمل	Trabajo	طْرَبَاخُو
عمل (جهد)	Labor	لَبُورْ
عامل	Trabajador	طْرَبَخَدُورْ

232

	Spanish	Arabic
موتشاتشو	Muchacho	عامل (خادم)
خرنليرو	Jornalero	عامل يومي
كمرثينطي	Hombre de Negocios	رجل أعمال
فابريكا	Fábrica	معمل
ثياغو	Ciego	أعمى
أوبا	Uva	عنب
أخنتي	Agente	عنصر
أرانيا	Araña	عنكبوت
سنياص	Señas	عنوان
بلبير	Volver	عاد
كصتمبري	Costumbre	عادة
رارو	Raro	غير عادي
رَبِتير	Repetir	أعاد
اكصتمبرادو	Acostumbrado	متعود
ركبرار	Recobrar	استعاد
اندمنيثيون	Indemnización	تعويض
فميليا	Familia	عائلة
بنصيون	Pensión	فندق عائلي
بوبليكو	Público	عام
كمون	Común	عام (شامل)
كمبليانيوص	Cumpleaños	عيد ميلاد
بيبير	Vivir	عاش
بنصيون	Pensión	معاش
أوخو	Ojo	عين
رايرس	Iris	قزحية العين
فونتي	Fuente	عين ماء

233

غَصّ	Gas	غاز
بَلْبُو	Polvo	غبار
اِدِيُوطَا	Idiota	غبي
نَاوْسِيَا	Náusea	غثيان
خِيطَانُو	Gitano	غجري
رِدخَار	Dejar	غادر
مَرطشَار	Marchar	غادر
المُورثُو	Almuerzo	غداء
المَنطُو	Alimento	غداء
اُوسْتِي	Oeste	غرب
اكسْطرَانِيُو	Extraño	غريب
اَبِطَثيُون	Habitación	غرفة
كُمِدُور	Comedor	غرفة طعام
كِرُوفَنُو	Quirófano	غرفة عمليات
دُرمِطُريُو	Dormitorio	غرفة نوم
كَبِينَا تِلِفُونِكَا	Cabina telefó-nica	غرف الهاتف
اُندِير	Hundir	أغرق
مُلطَا	Multa	غرامة
اِنبَصُور	Invasor	غاز
لَبَارْ	Lavar	غسل
لَبَندِرِيَا	Lavandería	مغسل
اَنغَنيَار	Engañar	غش
اِيرَا، رَابِيَا	Ira, rabia	غضب
اَنفَدَادُو	Enfadado	غضبان

	Spanish	Arabic
طَبَارْ	Tapar	غطى
طَابَا	Tapa	غطاء
صَابْنَا	Colcha	غطاء سرير
دِسْطْرَيِيدُو	Distraído	غافل
فَرَكُوِنْتِمَنْتِ	Frecuente-mente	غالبا ما
مَيُرِيَا	Mayoría	أغلبية
أَرُورْ	Error	غلط
أَكِيبُكَادُو	Equivocado	غالط
طَابَا	Tapa	غلاف
اِنْبُلْبِيرْ	Envolver	غلّف
بَرْسِيَانَا	Persiana	مغلق شباك
مُطْشَاطْشُو	Muchacho	غلام
أَرْبِيرْ	Hervir	غلى
كَنْفُوسُو	Confuso	غامض
رِيكُو	Rico	غني
كَنْطَارْ	Cantar	غنى
كَنْثِيُونْ	Canción	أغنية
سَدَكْثِيُونْ	Seducción	اغراء
بُصْكِي	Bosque	غابة
أَوْسِنْتِي	Ausente	غائب
كَامْبِيُو	Cambio	تغيير
دَسِغْوَالْ	Desigual	غير متساوي
دَصُكْبَادُو	Desocupado	غير مشغول
اِنْخُسْطُو	Injusto	غير عادل
رَارُو	Raro	غير عادي
اِنُوتِل	Inútil	غير مفيد

235

ف

فَرِيخُلْ	Fréjol	فاصولية
رَطُونْ	Ratón	فار
اَبْرِير	Abrir	فتح
دَسَمْباكَطَارْ	Desempaquetar	فتح رزمة
لِيَابِي	Llave	مفتاح
اَدْرَابْلِي	Adorable	فاتن
رَابَنُو	Rábano	فجل
كَرْبُونْ	Carbón	فحم حجري
لُخُوصُو	Lujoso	فاخر
اَبِيطَارْ	Evitar	تفادى
فْرِيصَا	Fresa	فراولة
اَلْغَرِي	Alegre	فرحان
اَلْغَرِيَا	Alegría	فرحة
بُلْيُو	Pollo	فراخ
اِنْدِبِدْوَالْ	Individual	فردي
كُلْطَشُونْ	Colchón	فراش (حشية)
لِتَارَا	Litera	فراش صغير
طَبِلْيُو	Cepillo	فرشة
بَاثِيُو	Vacío	فارغ
دِفَرَنْثِيَا	Diferencia	فرق
اَلْمِرَنْطِي	Almirante	فريق بحري
اَكِيبُو	Equipo	فريق رياضي
اُرْنُو	Horno	فرن
كَكَوِيتِي	Cacahuete	فستق عبيد

	Español	Árabe
مُصَايِكُو	Mosaico	فسيفساء
رِبِيلَار	Revelar	أفشى
دِطَالِيِّ	Detalle	تفصيل
بْلاطَا	Plata	فضة
أَصْبَاثِيُو	Espacio	فضاء
طَكْطُو	Tacto	فطانة
طُشَمْبِنْيُون	Champiñón	فطر
غْرُصِيرُو	Grosero	فظ
أَثِيرُ	Hacer	فعل
أَفَكْطُو	Efecto	فعل
إِمُثِيُون	Emoción	انفعال
دِسْمَيَارِسِي	Desmayarse	فقد الوعي
بُبْرِي	Pobre	فقير
إِدِيَا	Idea	فكرة
بِنْصَارُ	Pensar	فكر
اِنْتِلَكْتِوَالْ	Pensador	مفكر
فْرُوطَا	Fruta	فاكهة
كَمْبِسِينُو	Campesino	فلاح
دِنَارُو	Dinero	فلوس
بِمِنْطَا	Pimienta	فلفل أسود
بَلِيكْلاَ	Película	فلم
كُرْچُشُو	Corcho	فلين
لِنْتِرْنَا	Linterna	فانوس
آرْطِي	Arte	فن
أَرْتِسْطَا	Artista	فنان
كَطَالْغُو	Catálogo/Indice	فهرس

237

كُمْبِرنْدِير	Comprender	فهم
بُلْطَاخِي	Voltaje	فولطية
أُوتِل	Util	مفيد
اِنُوتِل	Inútil	غير مفيد
اِنُنْدَثِيُون	Inundación	فيضان
اِلِفَنْطِ	Elefante	فيل

ق

ثِمِنْتَارِيُو	Cementerio	مقبرة
اَسْتَرِنْيِمِنْطُو	Estreñimiento	قبض (امساك)
صُمْبِرِيرُو	Sombrero	قبعة
أَدْمِتِير	Admitir	قبل
اَنْطِس	Antes	قبل
اَغْرَدَابْلِي	Aceptable	مقبول
بَصُو	Beso	قبلة
اِنْتِرْبِسْطَا	Entrevista	مقابلة
فُتُورُو	Futuro	مستقبل
مَطَارْ	Matar	قتل
اِمِيثِدَا	Homicida	قاتل
اَبْرِثْيَارْ	Apreciar	قدر
دُوصِصْ	Dosis	مقدار
مِصَا	Misa	قداس
اَنْطِيغِوُو	Antiguo	قديم
دِبُوصِطُو رِدْ غَرَنْطِيَا	Depósito de garantía	تقديم كفالة

238

	Spanish	Arabic
اَبْنْثِي	Avance	تقدم
لِيَارْ	Leer	قرأ
اُولْثِرا	Ulcera	قرح
مُونُو	Mono	قرد
اُغَارْ	Hogar/Domicilio	مقر (منزل)
دِثِيدِيرْ	Decidir	قرر
بَصْطِلْيَا	Pastilla	قرص
بَصْتَالْ	Pastel	قرص حلوى
بَنْدِيِنْتِي	Pendiente	قرط
كُورْنُو	Cuerno	قرن (الحيوان)
سِغْلُو	Siglo	قرن (١٠٠ سنة)
كَمْبَرْثِيُون	Comparación	مقارنة
اَلْدِيَا	Aldea	قرية
رِايِرْسْ	Iris	قزحية العين
اَنَانُو	Enano	قزم
كُورَا	Cura	قسّ
دِبِيدِيرْ	Dividir	قسم
بَاخَا	Paja	فش
نَاطَا	Nata	قشدة
كَنْطَارْ	Contar	قص
كُرْطَارْ	Cortar	قص (قطع)
تِخَرَاصْ	Tijeras	مقص
بُوِيمَا	Poema	قصيدة
بَلَاثِيُو	Palacio	قصر
خُوَاثْ	Juez	قاضي
اَصُنْطُو	Asunto	قضية

رِمُلْكَار	Remolcar	قطر (سحب)
لُكُمُطُورا	Locomotora	قاطرة
غاطو	Gato	قط (هر)
كُرْطار	Cortar	قطع
طبيكي	Tabique	قاطع (حاجز)
اِنْتَرُّطُور	Interruptor	قاطع تيار
بْرُبِنْثِيا	Provincia	مقاطعة
بانا	Pana	قطيفة
الْغَدُونْ	Algodón	قطن
رَغْلا	Regla	قاعدة
أَصِنْطُو	Asiento	مقعد
صَلْطار	Saltar	قفز
ثِرَّدُورا	Cerradura	قفل
كُرَثُونْ	Corazón	قلب
بُلْكار	Volcar	انقلب
دِسْبِغار	Despegar	اقلع (الطائرة)
أَنْصِيُوصُو	Ansioso	قلق
بُكُو	Poco	قليل
اِنْدِبِنْدِنْثِيا	Independencia	استقلال
بُلِيغْرَفُو	Bolígrafo	قلم جاف
بْلُومَا	Pluma	قلم حبر
لابِث	Lápiz	قلم رصاص
فْرِيطُو	Frito	مقلي
صَرْتان	Sartén	مقلاه (قلاية)
تْرِيغُو	Trigo	قمح
لُوتا	Luna	قمر

240

	Español	العربية
كَمَرُطِي	Camarote	قمرية (سفينة)
دِكْثِيُنارِيُو	Diccionario	قاموس
تِيلَا	Tela	قماش
كُمْبْرِي	Cumbre	قمة
بَصُورَا	Basura	قمامة
كُونْسُل	Cónsul	قنصل
بْوِنْتِي	Puente	قنطرة
صَلْطْشِيطْشَا	Salchicha	مقانق (سجق)
لَيْ	Ley	قانون
كَنَالْ	Canal	قناة ، قنال
تُبِرِيصْ	Tuberías	قنوات
طَبِرْنَا	Taberna	مقهى باذخ
كُنْدُثِير	Conducir	قاد
خِفِي	Jefe	قائد
بِلُوطُو	Piloto	قائد (طائرة)
بُلَنْطِي	Volante	مقود
أَرْكُو	Arco	قوس
فُنْدُو	Fondo	قاع
غَلِرِيَا	Galería	قاعة عرض
صَالَا دِ أَشْبِيرَا	Sala de espera	قاعة انتظار
دِثِير	Decir	قال
لِبَنْطَارْسِي	Levantarse	قام
مَدْرُغَارْ	Madrugar	قام باكرا
لِسْطَا	Lista	قائمة
أَكَمْبَارْ	Acampar	أقام مؤقتا (عسكر)

241

	Fuerza	قوة
فُوِرْثَا	A la fuerza	بالقوة
لَا فُوِرْثَا أ	Vomitar	تقيأ
بِبِطَارْ	Guitarra	قيثارة
رِغَطَرَّا	Siesta	قيلولة
سِيِمْسِطَا		

ك

	Vaso	كاس
بَاصُو	Freno	مكبح
فِرِينُو	Orgulloso	متكبر
أُرْغُلُوصُو	Cerillas	كبريت
ثِرِلْيَاصْ	Escribir	كتب
أَشْكَرِبِيرْ	Escribiente	كاتب
أَشْكَرِبِيِنْتِي	Escritor	كاتب (أديب)
أَشْكَرِطُورْ	Biblioteca	مكتبة
بِبْلِتِيكَا	Hombro	كتف
أُمْبْرُو	Masa	كتلة
مَصَّا	Demasiado	كثير جدا
دِمَصْيَادُو	Católico	كاثوليكي
كَطُولِكُو	Alcohol	كحول
الْكُحُلْ	Mentir	كذب
مِنْتِيرْ	Falso/Mentiroso	كاذب
منتيروصو/فلصُّو	Silla	كرسي
سِلْيَا	Generoso	كريم
خَنَرُوصُو	Pelota	كره
أدِيَارْ		

242

كريه	Desagradable	دِصغْرَدَابِلي
كسر	Romper	رُمبِير
كاسر أمواج	Rompeolas	رُمبَاولَص
كسكيت	Gorra	غَرّا
كشك	Kiosco	كِيمْسكو
كعكة	Tarta	طَرْطا
كلب	Perro	بَرّو
كلابة	Tenazas	تنَائص
مكلف	Encargado	اِنْكَرْغادُو
تكاليف	Gastos	غَمْطُوص
كل	Todo	طُودُو
كليا	Enteramente	انْترَمَنْتِي
تكلم	Hablar	اَبْلارْ
كلمة	Palabra	بَلَبْرا
كما يجب	Como debe ser	كُومُو دِيبِي سَارْ
كم	Manga	مَنْغا
كمية	Cantidad	كَنْطِدَادْ
كنس	Barrer	بَارِيرْ
مكنسة	Escoba	اَسْكُوبَا
كنيسة	Iglesia	اِغلِسِيَا
كهرباء	Electricidad	اَلكْترِيذِدَادْ
كهف	Gruta	غْرُوطَا
كوفية	Bufanda	بُوفَانْدا
كان	Ser, estar	سَارْ ، أَسْطَارْ
مكان	Lugar	لُوغَارْ
مكواة	Plancha	بْلانْطشا

نَايِبِ	Naipe	ورق اللعب
اِدِيُومَا	Idioma	لغة
لِتْرَارُو	Letrero	لافتة
اِمْبَلَاخِي	Embalaje	لف
بِنْدَاخِي	Vendaje	لفافة
رُلُو	Rollo	لفيفة
أَبِلِّيدُو	Apellido	لقب
بَاكُونَارْ	Vacunar	لقح
اِنْكُنْطْرَارْ	Encontrar	التقى
بُمْبِيلْيَا	Bombilla	لمبة
طُكَارْ	Tocar	لمس
طَاكْطُو	Tacto	لمس
لْيَامَصْ	Llamas	لهب
نِوُمُنِيَا	Neumonía	التهاب الرئة
نِفْرِيتِسْ	Nefritis	التهاب الكلية
اَنْصِيوصُو	Ansioso	متلهف
اَلْمِنْدْرَا	Almendra	لوز
طُرْنِيلْيُو	Tornillo	لولب
كُلُورْ	Color	لون
اِنْكُلُورُو	Incoloro	عديم اللون
نُطْشِي	Noche	ليل
اَنُطْشِيثِرْ	Anochecer	نزل الليل
لِمُونْ	Limón	ليمون

٣

	Equipaje	أمتعة
اكباخي	Ejemplo	مثال
أخمبلو	Representante	ممثل
ربرسنطنتي	Actor	ممثل
اكطور	Representa-ción	تمثيل
ربرسنطثيون		
سملار	Similar	مماثل
أسطثوا	Estatua	تمثال
أصطرا	Ostra	محار
اكصامن	Examen	امتحان
ثربرو	Cerebro	مخ
سصص	Sesos	مخ
مثيريامس	Materias	مواد
أربنثيون	Urbanización	تمدن
أمرغو	Amargo	مر
بصاخي	Pasaje/Pasillo	ممر
أنفرمداد	Enfermedad	مرض
أنفرمو	Enfermo	مريض
أنفرميرا	Enfermera	ممرضة
مارمل	Mármol	مرمر
الاصتيكو	Elástico	مرن
أخرثيثيو	Ejercicio	تمرين
برومّا	Broma	مزاح
كرسطيانو	Cristiano	مسيحي
موسيكا	Música	موسيقى

246

Transliteración	Español	Árabe
أنطشيثير	Anochecer	أمسى
طارْدي	Tarde	مساء
بايْني	Peine	مشط
أنْدَارْ	Andar	مشى
غَنَادُو	Ganado	ماشية
مُوذَا	Moda	موضة
لُيُوبِيَا	Lluvia	مطر
امْبِرمْيَابْلِي	Impermeable	واقي من المطر
أُرْثُبِصْبُو	Arzobispo	مطران
غُومَا ، كَوُّطْشُو	Goma, caucho	مطاط
كُونْ	Con	مع
إِمَانْ	Imán	مغناطيس
بياخي	Peaje	مكس
		(رسوم العبور)
فِخُو	Fijo	مكين
لْيِنَارْ	Llenar	ملأ
صَالْ	Sal	ملح
لِيصُو	Liso	أملس
رَايْ	Rey	ملك
رَايْنَا	Reina	ملكة
أنْخِلْ	Angel	ملاك
بْرُبْيِدَادْ	Propiedad	ملكية
بُوَّرْطُو	Puerto	ميناء
سِرْبِيلْيِطَا	Servilleta/Pañuelo	منديل
بْرُابِيبِدُو	Prohibido	ممنوع
دِسِيَارْ	Desear	تمنى

247

	Español	Árabe
دَسِيو	Deseo	أمنية
مُرِير	Morir	مات
مُوِرْطُو	Muerto	ميت
أُولاَ ، اُنْدَا	Ola, onda	موجة
اَغْوَا	Agua	ماء
دِصَغُوِي	Desagüe	ماء البيوت
كَلِدَادْ	Calidad	ميزة
اَكْسِنْتِي	Excelente	ممتاز
اِنْكِلِنَادُو	Inclinado	مائل

ن

كْرِثِيرْ	Crecer	نبت
اَلنْطُو	Acento	نبرة
دِسْبَرْطَدُورْ	Despertador	منبه (ساعة)
رِسُلْطَادُو	Resultado	نتيجة
اَكْسِيطُو	Exito	نجاح
دِكْثْنُنَّارِيُو	Diccionario	منجد
صُكُرُّو	Socorro	النجدة
اَسْتْرِلْيَا	Estrella	نجمة
سُوِثِيدِيُو	Suicidio	انتحار
دِلْغَادُو	Delgado	نحيف
اَلِكْثِيُونْ	Elección	انتخاب
كَلْمِيرَا	Palmera	نخلة
اَسْكَاصُو	Escaso	نادر
لِيَامَارْ	Llamar	نادي
اَدْبِرْتِنْثِيَا	Advertencia	انذار

248

	Spanish	Arabic
ركطار	Quitar	نزع
دَسْبِسْتِير	Desvestir	نزع اللباس
دِسْبُطار	Disputar	تنازع
بَخَار	Bajar	نزل
اطِرِثَار	Aterrizar	نزل (الطائرة)
رِباخا	Rebaja	تنزيل
أَدِكْوَادو	Adecuado	مناسب
اكْسِيون	Ocasión	مناسبة
بِرْتِنَثَار	Pertenecer	انتسب الى
كُبيا	Copia	نسخة
اُلْبِدَار	Olvidar	نسي
الْمِدُون	Almidón	نشاء
سِيَرّا	Sierra	منشار
اكْتِيبو	Activo	نشيط
سِكَار	Secar	نشف
اِسْبُنْخا	Esponja	نشاف
طُوَالْيا	Toalla	منشفة
مُنْمِنْطو	Monumento	نصب تذكاري
كُنْسِخُو	Consejo	نصيحة
افِثْيُونَادو	Aficionado	نصير
دُوتْشا	Ducha	منضحة (دوش)
ثِنِثَارُو	Cenicero	منفضة سجائر
رَسْكَيْثْيالُص	Rascacielos	ناطحة سحاب
مَرْكو	Marco	نطاق
مِيرَار	Mirar	نظر
غَافَص	Gafas	نظارات

	Español	العربية
آسِرَّارْ	Esperar	انتظر
لِمْبِيُو	Limpio	نظيف
طْشَامْبُو	Champú	منظف شعر
أَرْدِين	Orden	نظام
رَغْلِثْيُونْ	Regulación	تنظيم
أُرْبَنِسْمُو	Urbanismo	تنظيم المدن
أَدْخِتِيبُو	Adjetivo	نعت
أُبِيخَا	Oveja	نعجة
صُبْلَارْ	Soplar	نفخ
بَنْطَانَا	Ventana	نافذة
فْوِنْتِي	Fuente	نافورة
دِسْبُطَارْ	Disputar/ Competir	نافس
رَسْبِرَثْيُونْ	Respiración	تنفس
بِتْرُولِيُو	Petróleo	نفط
تُونَلْ	Túnel	نفق
بَنْصِيُونْ	Pensión	نفقة
نِغَارْ	Negar	نفى
غُطَا	Gota	نقطة
طْرَنْصْبُرْطَارْ	Transportar	نقل
طْرَنْصْفُوصِيُونْ	Transfusión	نقل الدم
بُورُو	Puro	نقي
دِصَفُرْتُنَادُو	Desafortunado	منكود الحظ
دِصَرُلْيَارْ	Desarrollar	نمى
بَرْتَنَثِيرْ	Pertenecer	انتمى الى
تِيبُو	Tipo	نموذج
رِيُو	Río	نهر

250

	Spanish	Arabic
لَبَنْطَارْسِي	Levantarse	نهض
أَكَبَّارْ	Acabar	أنهى
فِينْ	Fin	نهاية
خَانِرُو	Género	نوع
مَرْكَا	Marca	نوع
خَنْتِي	Gente	ناس
طُمَّارْ	Tomar	تناول
ثِينَارْ	Cenar	تناول العشاء
أَلْمُرْثَارْ	Almorzar	تناول الغداء
دُرْمِيرْ	Dormir	نام
بِيخَامَا	Pijama	منامة
فُوَاغُو	Fuego	نار
إِلُمِنَارْ	Iluminar	أنار
فَارُو	Faro	منارة

ه

	Spanish	Arabic
رَامِغْرَثِيُونْ	Inmigración	هجرة
الفِبِطُو	Alfabeto	حروف الهجاء
رِغَالُو	Regalo	هدية
الدُّكَادُو	Educado	مهذب
فُوغَا ، أُويِّدَا	Fuga, huida	هروب
كُلِينَا	Colina	هضبة
آنْسِيُوصُو	Ansioso	مهموم
رَامْبُورْطَنْثِيَا	Importancia	أهمية
إِنْخِنْيَارُو	Ingeniero	مهندس
أَرْكِتِكْطُو	Arquitecto	مهندس معماري

251

آيري	Aire	هواء
دِسْپُونِيبْلي	Disponible	مُهَيّأ
اَلطّار	Altar	هيكل الكنيسة

و

أوَاسِيس	Oasis	واحة
وُدَكُمَنْطُو	Documento	وثيقة
دِبِير	Deber	واجب
اِنْكُنْطْرَار	Encontrar	وجد
آيْ	Hay	يوجد
اَسْطَا آن ٠٠	Está en...	موجود في ٠٠
كَارَا	Cara	وجه
دِرِخِير	Dirigir	وجه
اَسْكَبَرَاتِي	Escaparate/Fachada	واجهة
أُونِيكُو	Unico	وحيد
فَنْغُو	Fango	وحل
سِمْبَتِيَا	Simpatía	ود
مِي أُبِييرَا غُسْطَادُو كِي ٠٠	Me hubiera gustado que...	كان بودي لو ٠٠
دَسْبِدِير	Despedir	ودّع
دِبُوسِطُو	Depósito	ايداع
كَنْسِيغْنَا	Consigna	مستودع (حقائب)
اَرَنْثِيَا	Herencia	وراثة
بَابِيل	Papel	ورق
أُوخَا	Hoja	ورقة
بَرَاخَا	Baraja	ورق اللعب

252

	Spanish	Arabic
لَغَرْطُو	Lagarto	ورل
رِدِسْترِبِثْيُونْ	Distribución	توزيع
بيصو	Peso	وزن
بَلَنْثَا	Balanza	ميزان
بَرَليلُو	Paralelo	متواز
سُوثْيُو	Sucio	وسخ
مَنْطْشَا	Mancha	وسخ
أَلمُوَادَا	Almohada	وسادة
أَمْبلْيُو	Amplio	واسع
دِمَنْسِيُونْ	Dimensión	سعة
دَسْكْرِبِير	Describir	وصف
رِثِيطَا	Receta	وصفة
لِيِغَادَا	Llegada	وصول
نُو أَسْطَا كْلَارُو	No está claro	غير واضح
بُونير ، مَتَار	Poner, meter	وضع
أُبْخَطُو	Objeto	موضوع
بَاطْرِيَا	Patria	وطن
ثِيُودَدَانُو	Ciudadano	مواطن
أَمْبلْيُو	Empleo	وظيفة
أَمْبلْكَادُو	Empleado	موظف
دَبَنْدِيِنْتِي	Dependiente	موظف تجاري
فِيطَا	Cita	موعد
دَصْمَيَارْسِي	Desmayarse	فقد الوعي
تِيِمْبُو	Tiempo	وقت
رِفِرْمَار	Firmar	وقع
أَلطُو !	¡Alto!	قف !

253

	Parada	وقوف
بَرَادَا	Detener	أوقف
ردتنار	Profilaxia	وقاية
بُرُفِلاكصيا	Impermeable	واقي من المطر
اِمبِرمِيابلِي	Nativo	مولود بـ ٠٠
نَطِيبُو	Nacer	ولد
نَثِيرُ	Desengaño	زوال الوهم
دِسَنغَانِيُو		

ي

	Rubí	ياقوت أحمر
رُبِي	Yate	يخت
يَاطِي	Mano	يد
مَانُو	Zurdo	أيسر
ثُردُو	Despertar	أيقظ
دَسبَرْطَارْ	Despierto	مستيقظ
دَسبِيرْطُو	Iodo	يود
اُبُودُو	Calendario	يومية
كلَنْدَارِيُو		

254